Adele Spitzeder

kleine bayerische biografien

herausgegeben von
Thomas Götz

MARITA A. PANZER

Adele Spitzeder

Schauspielerin, Bankgründerin und Betrügerin

Verlag Friedrich Pustet
Regensburg

Biografien machen Vergangenheit lebendig: Keine andere literarische Gattung verbindet so anschaulich den Menschen mit seiner Zeit, das Besondere mit dem Allgemeinen, das Bedingte mit dem Bedingenden. So ist Lesen Lernen und Vergnügen zugleich.

Dafür sind gut 100 Seiten genug – also ein Wochenende, eine längere Bahnfahrt, zwei Nachmittage im Café. Wobei *klein* nicht leichtgewichtig heißt: Die Autoren sind Fachleute, die wissenschaftlich Fundiertes auch für den verständlich machen, der zwar allgemein interessiert, aber nicht speziell vorgebildet ist.

Bayern ist von nahezu einzigartiger Vielfalt: Seine großen Geschichtslandschaften Altbayern, Franken und Schwaben eignen unverwechselbares Profil und historische Tiefenschärfe. Sie prägten ihre Menschen – und wurden geprägt durch die Männer und Frauen, um die es hier geht: Herrscher und Gelehrte, Politiker und Künstler, Geistliche und Unternehmer – und andere mehr.

Das wollen die KLEINEN BAYERISCHEN BIOGRAFIEN: Bekannte Personen neu beleuchten, die unbekannten (wieder) entdecken – und alle zur Diskussion um eine zeitgemäße regionale Identität im Jahrhundert fortschreitender Globalisierung stellen. Eine Aufgabe mit Zukunft.

DR. THOMAS GÖTZ, Herausgeber der Buchreihe, geboren 1965, studierte Geschichte, Germanistik und Philosophie. Er lehrt Neuere und Neueste Geschichte an der Universität Regensburg und legte mehrere Veröffentlichungen, vor allem zu Stadt und Bürgertum in Bayern und Tirol im 18., 19. und 20. Jahrhundert, vor. Darüber hinaus arbeitet er im Museums- und Ausstellungsbereich.

Inhalt

Vorwort – Gründerzeit und Frauenrechte

Adele Spitzeder (1832–1895) lebte in einer sehr bewegten Zeit – wirtschaftlich wie gesellschaftlich. Die Epoche seit etwa der Mitte des 19. Jahrhunderts bis in die frühen 1870er Jahre wird häufig als »Gründerzeit« bezeichnet. Seit circa 1850 nahm die Wirtschaft einen raschen industriellen Aufschwung, die »Industrielle Revolution«. Vor allem die französischen Reparationszahlungen nach dem verlorenen Krieg gegen Deutschland 1871 befeuerten den Wirtschaftsboom noch massiver. Allerdings wurde dieser Höhenflug bereits 1873 mit dem Schwarzen Freitag an der Wiener Börse (9. Mai) wieder gestoppt. Der Börsen- und Bankenkrach läutete eine 20 Jahre andauernde wirtschaftliche Stagnation ein. Dennoch gab es in Bayern 1875 bereits fünf Unternehmen mit je über 1000 Beschäftigten.

Gründer von Firmen, Wirtschaftsunternehmen, Aktiengesellschaften und Banken konnten wegen des herrschenden Wirtschaftsliberalismus, des Eisenbahnbaus und der technischen Erfindungen – zumindest bis zum Börsen- und Bankenkrach im Jahr 1873 – innerhalb weniger Jahre reich werden. Frauen waren als Gründerinnen weniger bis gar nicht daran beteiligt, da sie in ihrer Selbständigkeit sehr beschnitten waren. Sie besaßen kein Versammlungs- oder Wahlrecht und waren als Bürgerstöchter in der Wahl ihrer Berufe auf nur wenige beschränkt – so konnten sie, z. B. als Lehrerin oder in künstlerischen Berufen wie dem der Schauspielerin tätig werden.

Das höhere Bildungssystem – Gymnasium und Universität – stand den Frauen nicht offen. Die weiblichen Angehörigen der niederen sozialen Schichten, wie aus den Familien der kleinen Handwerker, Ladeninhaber oder der Angehörigen der Arbeiterklasse, schufteten dagegen in den Geschäften ihrer Ehemänner oder Väter bzw. in den Fabriken, in Heimarbeit und im fremden wie im eigenen Haushalt.

Auf dem Lande waren nach der endgültigen Bauernbefreiung von 1848 die selbständigen Bauern nun den liberalen Marktgesetzen ausgeliefert. Neben wenigen Vollerwerbsbauern gab es zahlreiche bäuerliche Betriebe im Nebenerwerb. Kleinbauern und Mägde, Landarbeiter und Bauerntöchter, arbeitsloses Gesinde wanderten in die Städte, um dort Arbeit zumeist in den Fabriken, Wirtschaften, aber auch in der Prostitution zu finden.

Zwar war das Idealbild der Frau im 19. Jahrhundert das der nicht erwerbstätigen Hausfrau und Mutter gemäß ihrer »natürlichen Bestimmung«, wie es in der traditionellen Auffassung hieß; damit sollten Haus und Kinder der Wirkungsort der Frauen sein. Dieses Ideal traf in der Realität aber vor allem auf die Frauen des wohlhabenden Bürgertums zu, während die Frauen der Arbeiterklasse erwerbstätig sein mussten, um mitzuhelfen, den Lebensunterhalt für ihre Familien zu sichern.

Auch die Frauen der mittleren und unteren Bürgerschichten waren oftmals erwerbstätig. Als Kauf- und Gewerbetreibende konnten sie aber nur in kleingewerblichen Bereichen – mit Erlaubnis ihres Ehemannes! – Geschäfte führen. Der Status als selbstbestimmte Menschen war ihnen verwehrt. Töchter und Ehefrauen standen unter Geschlechtsvormundschaft ihrer Väter bzw. ihrer Ehemänner.

Allerdings regte sich bereits Mitte des 19. Jahrhunderts weiblicher Widerstand gegen diese Einengung und Minderstellung der Frauen. Im Oktober 1865 gründete sich der Allgemeine deutsche Frauenverein (ADF) auf einer ersten Frauenkonferenz in Leipzig. Dies war der Beginn der Frauenbewegung in Deutschland.

Die bürgerliche Frauenbewegung forderte von Anfang an das Recht auf Bildung, auf Arbeit und auf Besitz. Seit dem Wintersemester 1903/04 konnten sich Frauen offiziell in Bayern an Universitäten einschreiben und studieren. Die sozialistische Frauenbewegung hingegen ging noch einen Schritt weiter und forderte die Gleichstellung der Frau in allen Lebensbereichen. Ab 1892 gab es dann erste Gewerkschafterinnen, ab 1908 die Versammlungsfreiheit für Frauen und 1918 das Frauenwahlrecht.

Im 19. Jahrhundert (und auch später noch im ersten Bürgerlichen Gesetzbuch von 1900) wurden Frauen im Privatrecht und im Rechtsverkehr stark eingeschränkt. Als Begründung galten ihre vermeintliche Verstandesschwäche, mangelnde Einsichtsfähigkeit und ihre Unzuverlässigkeit. Der Neurologe und Psychiater Paul Julius Möbius veröffentlichte gar im Jahr 1900 ein Büchlein »Über den physiologischen Schwachsinn des Weibes«, das in zahlreichen Auflagen noch jahrelang erschien. Seiner Überzeugung nach waren Frauen von Natur aus geistig minderbegabt und für die Wissenschaft bzw. das Studium an Universitäten nicht geeignet.

Die Rechtsstellung der Frau im 19. Jahrhundert ist schwer zu verallgemeinern, da vor 1871, der Gründung des Kaiserreichs, kein einheitliches Recht in Deutschland galt. Jedes Königreich, Fürstentum und Herrschaftsgebiet in Deutschland besaß seine eigenen Rechtsbücher. Zumeist galten Söhne und Töchter mit dem 24. Lebensjahr (manchmal allerdings auch schon mit dem 21. Geburtstag) als volljährig. Dennoch wurden die Töchter mit dem Erreichen der Völljährigkeit nicht automatisch geschäftsfähig. Beispielsweise verfügten sie nicht frei über ihr Vermögen, außer über das, was sie nach der Volljährigkeit selbst erwirtschafteten. Sie wurden also vermögensrechtlich nicht aus der »väterlichen Gewalt« entlassen und gingen bei Eheschließung in die Hände des Gatten über.

Auch bei schwerwiegenden Rechtsgeschäften benötigten Frauen einen männlichen Beistand. Bis etwa Mitte des 19. Jahrhunderts blieb z. B. im preußischen Recht die Geschlechtsvormundschaft bestehen.

Nach dem französischen Code civil von 1804, der im Königreich Bayern Einzug fand, waren jedoch unverheiratete, volljährige Frauen ebenso geschäfts- und prozessfähig wie Männer ab ihrem 21. Geburtstag. Seit 1875 galt dann im gesamten deutschen Kaiserreich die Volljährigkeit mit 21 Jahren sowie die Geschäfts- und Prozessfähigkeit der ledigen

Frau. Die verheiratete Frau dagegen blieb weiterhin rechtlich eingeschränkt.

Ledige Frauen, die das 21. Lebensjahr vollendet hatten, waren Ende des 19. Jahrhunderts also in Bayern voll geschäftsfähig – aber auch vollumfänglich verantwortlich für ihr Geschäftsgebaren, wie uns der Fall Adele Spitzeders eindrucksvoll vor Augen führt.

»Von meinen geliebten und verehrten Eltern
kannte ich eigentlich nur meine Mutter,
da mir mein Vater frühzeitig durch den Tod entrissen wurde.«

1 Adele wächst auf

DIE ELTERN

Die gefeierte Sängerin Betty Vio lernte am Königstädter Theater in Berlin den berühmten Bassbuffo Josef Spitzeder kennen und lieben. 1831 heiratete die 25-Jährige schließlich den elf Jahre älteren verwitweten Josef, der sechs Kinder aus seiner ersten Ehe mit Henriette Schüler in die neue Verbindung einbrachte – je drei Jungen und Mädchen; weitere vier Kinder der beiden hatten nicht überlebt.

Sie gaben ein ungleiches Paar ab: Josef Spitzeder – hochgewachsen und von stattlicher Statur, Betty Vio – eine zierliche Erscheinung. Beiden eigen waren jedoch ein heiteres Naturell und ein witziger, schlagfertiger Geist. Über ihre Mutter schrieb Adele in ihren Erinnerungen: »Mit herrlichem Mutterwitz erfüllt und stets zu den treffendsten Antworten gerüstet, war sie ein sprudelnder Quell voll Geistesfrische für den gesellschaftlichen Umgang.«

Am 9. Februar 1832 wurde dem Künstlerpaar, das zu diesem Zeitpunkt noch in Berlin engagiert war, eine Tochter geboren, die den Namen Adelheid (Adele) erhielt. Bald danach zog es den Vater Josef nach München, denn ein Engagement an der Hofoper lockte. Ungern folgte Betty Spitzeder mit der ganzen Familie. Kaum dort angekommen und aufgetreten, starb Adeles Vater im Alter von 36 Jahren an der Lungenschwindsucht und ließ seine junge Frau mit den sieben Kindern allein zurück.

König Ludwig I. und seine Gemahlin Therese nahmen sich der männlichen Waisen Spitzeders an, ließen zwei Söhne an der Militärschule ausbilden und den dritten am Kunstseminar. Um die drei Halbschwestern Adeles kümmerten sich Betty Spitzeder selbst bzw. ihre Schwester Auguste. Karoline,

Der Vater: Josef Spitzeder

Josef (bisweilen auch Joseph) wurde 1795 in Bonn geboren. Er entstammte einer in Österreich und Bayern verzweigten Künstlerfamilie. Sein Vater Johann Baptist (geb. um 1769 in Wien) tourte mit seiner Familie von Theater zu Theater und hatte Auftritte in ernsten Bassrollen. Wegen der zahlreichen Ortswechsel erhielten die Kinder wenig schulische Bildung; Josef soll in Nürnberg zumindest einige Zeit das von Hegel geleitete Gymnasium besucht haben. Er entwickelte in Nürnberg sein Schauspieltalent und seine schöne Bass-Stimme. Im Jahr 1816 ehelichte er die Sängerin Henriette Schüler. 1819 reiste das Paar nach Wien, um dort zu reüssieren. Josef Spitzeder errang vor allem als Bassbuffo seine größten Erfolge. 1824 trat er im neuen Königstädter Theater zu Berlin auf. Er verließ 1832 die Stadt jedoch wieder, um als Mitglied des Künstlerverbandes am Münchner Hof- und Nationaltheater aufzutreten – allerdings nur ein Mal, denn er starb bereits am 13. Dezember 1832 an einem Lungenleiden.

Aus erster Ehe hatte er sechs (überlebende) Kinder. Von seiner zweiten Ehefrau, der Sängerin Betty Vio, bekam er eine weitere Tochter namens Adele.

(Quellen: Allgemeine Deutsche Biographie, Artikel »Spitzeder, Joseph« v. Heinrich Welti; Wikipedia)

die älteste Tochter, galt als große Schönheit, wurde aber eine eher erfolglose Sängerin und heiratete Wilhelm Wegner, einen ehemaligen Gutshofpächter des Grafen von Schwerin. Beide lebten dann in München. Die zweite Tochter aus Spitzeders erster Ehe, Henriette, besaß ebenfalls eine gute Stimme und Talent; sie ehelichte Adolf von Zieten und wanderte mit ihm und ihrer Schwester Josephine um 1848 nach Amerika aus. Adeles jüngster Halbbruder Gustav starb bereits mit 27 Jahren in Augsburg, Wilhelm wurde Graveur und der älteste Bruder Georg wurde Gerichtsschreiber beim Münchner Stadtgericht.

Adeles Vater, der Bassbuffo und Hofsänger Joseph Spitzeder. – Lithographie von Wilhelm Werner, um 1830.

KINDHEIT UND JUGENDZEIT

Einige Jahre nach dem Tod ihres Ehemannes absolvierte Betty Vio mehrere Gastspiele und ließ sich mit ihrer Tochter Adele schließlich in Wien nieder. Die zweite Ehe der Sängerin mit Franz Maurer, einem verschuldeten Fabrikbesitzer, verlief unglücklich und wurde bereits nach einem Jahr wieder geschieden. Ihr Auskommen fand Betty durch ein Engagement in Wien und die Unterstützung des Theaterdirektors Carl, der sich als wahrer, väterlicher Freund erwies, wie Adele in ihren Erinnerungen mitteilte.

Ab 1840 erhielt Adele die übliche Schulausbildung für höhere Töchter zunächst in einem Institut zu Wien, dann im Sankt-Anna-Institut der Ursulinen in der Wiener Johannesgasse und ab 1844 in München. Hier lebte ihre Tante Auguste, die Schwester ihrer Mutter und Gattin von Friedrich Adolph Lehfeld, Stallmeister des Prinzen Karl von Bayern. Tante Auguste kümmerte sich bereits um Adeles Halbschwes-

Die Mutter: Betty Vio

Elisabeth (Betty) Vio wurde am 22. Juni 1806 (oder 1808) in Lübeck geboren. Sie war die Tochter des italienischen Edelmannes Francesco Vio und seiner französischen Gattin Elise, geb. Dupont. Ihr Vater stammte aus Mailand und trat als Bassist auf den europäischen Bühnen auf. Betty, die eine reizende Gesangsstimme und großes Schauspieltalent besaß, musste bereits mit fünf Jahren als sogenanntes »Wunderkind« auftreten. Später nahm sie Gesangsunterricht bei Antonio Salieri und Giuseppe Ciccimara. Am Theater an der Wien debütierte sie 1818, blieb in Wien an verschiedenen Theatern und nahm 1829 ein Engagement (bis 1832) am Königstädter Theater in Berlin an. Mit ihrem ersten Ehemann, dem Bassbuffo Josef Spitzeder, wandte sie sich nach München und wurde dort zu einem hervorragenden Mitglied der Hofbühne. Ab Sommer 1836 hatte sie in verschiedenen Städten Gastauftritte.

1837 ging Betty eine zweite, kurz währende Ehe mit Franz Maurer in Graz ein, nachdem ihr erster Man bereits 1832 gestorben war. Gegen Ende der 1830er Jahre zog sie sich allmählich von der Bühne zurück, hatte jedoch noch bis 1854 Gastauftritte und lebte bis zu ihrem Tod am 15. Dezember 1872 in München.

(Quellen: Ludwig Eisenberg, Großes biographische Lexikon der deutschen Bühne, 1903; Allgemeine Deutsche Biographie, Bd. 35, 1893, Artikel »Spitzeder, Joseph« von Heinrich Welti, S. 217–220; Wikipedia, Artikel »Betty Vio«)

tern und um ihre eigenen vier Knaben. Betty hatte inzwischen die Bühne verlassen und blieb bis zum Ende ihres Lebens in München wohnhaft. Adele fühlte sich dort ebenfalls recht wohl, vermutlich auch, weil Onkel Lehfeld sie gemeinsam mit seinen Söhnen im Fechten und Turnen unterwies.

Von 1848 bis 1850 besuchte Adele in München das »Institut der Madame Tanche«, später die »Neumayersche Erziehungsanstalt« genannt, zumal sie in Wien nach eigenen Aussagen nicht viel gelernt hatte, allerdings auch, weil sie hinsichtlich

Adeles Mutter, die Soubrette und Hofsängerin Betty Vio. – Lithographie von Franz Eybl, um 1830.

des Lernstoffes faul und uninteressiert war und daher noch mit 12 Jahren kaum lesen und schreiben konnte. Ansonsten galt sie damals eher als ein wildes und jähzorniges Kind, so gar nicht »mädchenhaft«: Am liebsten spielte sie mit den Buben, streunte in den Wiener Straßen umher und fuhr heimlich auf den Rücktritten der Kutschwagen durch die Stadt. Auch dem Tabakrauchen verfiel Adele bereits in sehr frühen Jahren. Sie selbst charakterisierte sich in ihren Memoiren so: »Geiz, Neid und Selbstsucht waren mir in den Tod zuwider. Ich bin ebenso eigensinnig, unstet und jähzornig geblieben, als ich freigiebig, weichherzig und gutmütig zu sein mir bewußt bin.«

Allerdings besaß Adele durchaus einiges Talent: Vor allem für Fremdsprachen entwickelte sie eine große Begabung, auch ließ sie sich im Komponieren unterweisen. Es fehlte ihr jedoch an Ausdauer und Fleiß. In einem zeitgenössischen Bericht heißt es: »Die stille Zurückgezogenheit und Regelmäßigkeit einer der Arbeit, dem Studium, gewidmeten Lebensweise sagten ihr nicht zu. Von Natur mit dem zweifelhaften Geschenk einer leicht erregbaren Phantasie ausgestattet, nicht frei von einer gewissen Ueberspanntheit, suchte sie ihre Befriedigung in der Zerstreuung und (dem) Abwechseln(...).«

Inzwischen war Adele herangewachsen, hatte mit 18 Jahren ihre Schulzeit beendet und besuchte als 19-Jährige erstmals einen Offiziersball, der sie in die Gesellschaft einführen sollte. Obwohl ihr die »Kavaliere« nicht entsprachen, wie sie sich später erinnerte, blieb ihr die Leidenschaft fürs Tanzen und für die Musik. Am Tegernsee, wo ihre Familie jeweils den Sommer verbrachte, ging sie gerne auf die »ländlichen Tanzvergnügungen« und zu den Abenden mit Zithermusik und »Schnaderhüpfeln«.

Am Tegernsee lernte sie auch die ehemalige Schauspielerin und damalige morganatische Gattin des Prinzen Karl von Bayern kennen: Henriette Hölken, geborene Schöller, geadelte Freifrau von Frankenburg. Sie beschäftigten sich gemeinsam mit der englischen Sprache und der Astronomie. Bei den häufigen Musikabenden wurde Adele oftmals gebeten, ihre eigenen »Pieces« zu Gehör zu bringen, da sie, nach eigenen Angaben, am Pianoforte und in der Komposition von Professor Eduard Föckerer Unterricht erhalten hatte.

Allmählich wurde der etwa 20-jährigen Adele klar, dass sie ihren Talenten gemäß einen Beruf ergreifen musste, zumal sie eine »Abneigung gegen das Heiraten« entwickelt hatte. Die Ehe als Versorgungsinstitut der höheren Töchter lehnte sie ab. Sie wollte unabhängig sein.

»Nun begann ich mir im Umgang und in der näheren Bekanntschaft mit einigen hervorragenden Größen des Münchner Hoftheaters Zerstreuung und Unterhaltung zu suchen.«

2 Adele spielt Theater

AUSBILDUNG ZUR SCHAUSPIELERIN

Zunächst dachte Adele Spitzeder daran, ihre »nicht ganz mittelmäßige Stimme« professionell ausbilden zu lassen. Sie nahm auch Unterricht bei Marie Henkel, einer ehemaligen Hofsängerin im Großherzogtum Baden. Doch bald schon wandte sich die unstete junge Frau wieder davon ab, denn mit Hilfe der mütterlichen Kontakte zum Theater machte sie sich nun vertraut mit dem Beruf der Schauspielerin. In dieser Zeit fand sie wieder »Geschmack an dem Bühnenleben, besuchte das Theater häufig, studierte mit rastlosem Eifer die deutschen, französischen und englischen Klassiker«, und so dachte sie daran, »sich wieder der Bühne zu widmen«.

Allerdings riet ihr die Mutter davon ab, Schauspielerin zu werden. Sie wusste aus eigener Erfahrung in ihrem Beruf als Sängerin, wie schwierig es war, Erfolg beim Publikum zu haben. Jedoch waren sich hierin, wie so oft, Mutter und Tochter nicht einig. Der Bericht über die Schwurgerichtsverhandlung von 1873 formuliert das damalige Geschehen wie folgt: »Sobald sie daher die Fesseln der Schule abgeworfen hatte, war sie darauf bedacht, vom Einflusse der Mutter sich zu emancipiren. Dies gelang ihr ohne Mühe, da sich Mutter und Tochter bei dem Mangel gegenseitiger Berührungspunkte und ihren durchaus entschiedenen Charakteren ohnehin nicht zu einander hingezogen fühlten und es daher die Mutter auch ohne viele Ueberwindung über sich gewann, die Tochter sich selbst zu überlassen.«

Adele entschied sich also, Schauspielerin zu werden. Sie sprach dem Schauspieler-Ehepaar Friedrich und Marie Dahn den Monolog der Jungfrau von Orléans vor, und diese beur-

Charlotte von Hagn, Adeles Schauspiellehrerin und Förderin, im Kostüm der »Thekla« aus Schillers »Wallenstein«. – Porträt von Joseph Karl Stieler, 1828.

teilten ihren Vortrag als »nicht ungünstig«. So nahm die junge Adele Schauspielunterricht bei Constanze Dahn und Charlotte von Hagn. Erstere bescheinigte ihr – nach Adeles eigenen Worten – ein »dramatisches Talent und ein brillantes Organ«, und Letztere besorgte ihr dann das erste Engagement an der Hofbühne von Coburg im Jahr 1857. Zu diesem Zeitpunkt war Adele 25 Jahre alt.

Charlotte von Hagn, gefeierte Schauspielerin der Biedermeierzeit

Charlotte von Hagn wurde 1809 als Tochter des Kaufmanns Karl von Hagn und seiner Ehefrau Josepha, geb. Schwab, in München geboren. Sie debütierte 1828 am Münchner Hoftheater, erhielt sofort ein Engagement und gastierte erfolgreich am Burgtheater in Wien (1821), in Dresden (1831), in Berlin und Budapest. 1833 bis 1846 war sie am Berliner Hoftheater engagiert. Ihr großes Talent zeigte sich vor allem in den Rollen der jugendlichen Liebhaberin oder der Salondame im Lustspiel bzw. in den damaligen Konversationsstücken. Zu ihrem Erfolg trugen ihr gutes Aussehen, ihr Charme und ihr Temperament bei. Auch in der damaligen Gesellschaft spielte die geistreich-witzige Charlotte eine Rolle: Sie war sowohl die Geliebte von Franz Liszt als auch eine der Angebeteten des bayerischen Königs Ludwig I., der sie für seine Schönheitengalerie 1828 durch Joseph Karl Stieler malen ließ (s. Abb. links).

Ihre Ehe mit dem Gutsbesitzer Alexander von Oven, 1846 geschlossen und 1851 geschieden, setzte ihrer Karriere ein Ende. Charlotte von Hagn starb 1891 in München.

(Quellen: Wikipedia, Artikel »Charlotte von Hagn«; Deutsche Biographie)

BEGINN UND ENDE DER KARRIERE

In der Residenzstadt der Herzöge von Sachsen-Coburg und Gotha trat Adele Spitzeder 1857 in der Rolle der »Maria Stuart« von Schiller und als »Deborah« in dem gleichnamigen Volksschauspiel von Mosenthal auf. Ihr Debüt verlief zufriedenstellend. Nach einem kurzen Gastspiel in Mannheim kam Adele wieder nach München zurück, wo allerdings keine Rolle am Theater für sie frei war. Daher akzeptierte sie ein Angebot des Stadttheaters Brünn. Der dortige Direktor Gallmeyer war ihr zwar gewogen, jedoch gab es Zwistigkeiten und Eifersüchteleien zwischen den Künstlerinnen. Adeles Konkurrentin-

Am Hoftheater – heute Landestheater – Coburg hatte Adele Spitzeder 1857 ihr Debüt als Schauspielerin.

nen sorgten einmal für Unruhe während ihres Auftritts, indem sie Maikäfer aus mitgebrachten Tüten freiließen.

In Brünn ging Adele eine Liaison mit der schillernden Pepi, der Stieftochter Gallmeyers, ein, die jedoch nicht lange währte, denn bereits nach einem halben Jahr kehrte sie Brünn den Rücken und kehrte nach München zurück. Hier kurierte sie ein halbes Jahr lang eine Erkrankung aus, die sie als »Kongestionen zum Kopf« bezeichnete und die ihr »sogar einige Anfälle von förmlichem Irrsinn verursachten.« Wiederhergestellt, winkte ein neues Engagement in Nürnberg. Dort spielte sie ein Jahr lang und wurde nach ihren Erinnerungen »der erklärte Liebling des Nürnberger Publikums«. Sie verkörperte Rollen des dramatischen Faches, da – wie sie selber sagte – sich ihr »Talent im hochtragischen Gebiete wohler fühlte«. Als Direktor Brauer nach Wien wechselte, vermittelte er Adele ein Gastspiel in Frankfurt am Main, wo sie zunächst als Luise in Schillers »Kabale und Liebe« auftrat. Sie blieb einige Zeit in Frankfurt, zumal sie »in der Tat Furore« machte und namentlich ihr »Organ« Beifall fand. Dennoch kehrte sie der dortigen Bühne den Rücken, wieder einmal von der Konkurrenz bedrängt. Gekränkt täuschte sie eine Krankheit vor, meldete sich kurzfristig ab und ergötzte sich an den damit heraufbeschworenen Schwierigkeiten.

Nun reiste sie zu einem Gastspiel nach Bern, wo sie die beiden jeweiligen Titelrollen »Deborah« und »Adrienne Lecouvreur« spielte. Einige Zeit gastierte Adele auf unterschiedlichen Schweizer Bühnen, versuchte sich sogar in Zürich als Sängerin, was allerdings misslang, und begab sich über Bern und Mainz wieder nach München. Die anschließenden Sommermonate verbrachte sie mit ihrer Mutter am Tegernsee. Danach versuchte Adele vergebens, in Stuttgart ein Engagement zu erhalten. In Karlsruhe spielte sie in einer Gastrolle die »Herzogin von Marlborough« und die »Isabelle« in Gustav Freytags »Braut von Messina«. Obwohl die Presse ihre Darstellung »freundlich« beurteilte, kehrte sie wiederum nach München zu ihrer Mutter zurück, »erschöpft« vom vielen Reisen.

Noch einmal versuchte Adele ihrer Karriere neuen Schwung zu geben und fuhr nach Altona. Aber trotz ihrer »Erfolge als Pompadour« und als »Fürstin Udaskin« in »Graf Waldemar« geriet sie in »Geldverlegenheiten«, da ihre Gage nicht ausreichte, ihren Unterhalt zu sichern und zugleich die kostspieligen Kostüme, die sie benötigte, zu finanzieren. Sie musste einen Kredit von 1200 fl. (Gulden) aufnehmen, um über die Runden zu kommen. Zudem verlief ein monatelanger Aufenthalt in Berlin ergebnislos. Zwar wurden ihr durch Agenturen Auftritte an kleineren Bühnen angeboten, doch Adele wünschte, nur an großen Theatern zu spielen. Schließlich griff sie zu einem vermeintlichen Rettungsanker und fuhr mit einer Freundin nach Baden-Baden, um im Casino ihr Glück zu versuchen.

Adele verlor alles und musste sogar ihre Garderobe veräußern, um nach München zurückfahren zu können. Ihre elfjährige Karriere als Schauspielerin war damit im Jahr 1868 zu Ende. Adele war nun 36 Jahre alt, arbeitslos und ohne finanzielle Mittel, allerdings mit Schulden beladen. In ihren Erin-

Adele Spitzeder als junge Schauspielerin. – Sie sieht in dieser Aufmachung ihrer Mutter sehr ähnlich.

nerungen heißt es dazu erklärend: »Kannte ich doch den Wert des Geldes keineswegs, daher war auch meine Börse jedermann und zu jeder Zeit offen, wenn man nur Ansprüche darauf machte. (...) Leider war ich auch von meiner Mutter nie zur

Zur Lage der Schauspielerin im 19. Jahrhundert

»Geht aber ein Mädchen aus sogenannter guter Familie zum Theater, so hat sie diesen Entschluß in der Regel mit einem häuslichen Zwiste zu büßen. Den lieben Ihrigen widerstrebt die öffentliche Selbstentäußerung, zu der das gute Kind gezwungen wird. (...) Die Theaterdirektoren, die mit Ausnahme der Hofbühne für die äußere Ausstattung ihrer Schauprinzeßlein nicht einen Pfennig übrig haben, die ihren Künstlerinnen einen Sold zahlen, der kaum für die Hälfte der notwendigsten Toiletten und Kostüme ausreicht, setzen damit bei den Damen andre Erwerbsquellen, als ihnen ihre künstlerische Arbeit erschließt, voraus. ›Haben Sie auch Verhältnisse?‹ fragte kürzlich der Regisseur einer ›idealen Volksbühne‹ das arme Wesen, das bei ihm erste Liebhaberinnen spielen sollte, und warf dabei einen kritischen Blick auf ihr schlichtes Straßenkleid. Köchinnen werden von der rigorosen Hausfrau oft verpflichtet, keinen ›Schatz‹ zu haben. Umgekehrt ist ein ›Schatz‹ der Schauspielerinnen auch für die Theaterdirektoren ein Schatz (...) Die Frau kann beim Theater auf zweierlei Weise vorwärts kommen: entweder auf einem ehrlichen oder auf einem unehrlichen. Dort hilft ihr das natürliche Talent, das sich über kurz oder lang doch immer durch alle Hindernisse und Fährlichkeiten sieghaft durchdringen und auch zu einer gesicherten materiellen Existenz gelangen wird. Hier hilft ihr der Verzicht auf das Beste, was ein Weib besitzt, auf Schamgefühl (...) Dort Menschendarstellung, hier Menschenschacher. Einen dritten Weg giebt es nicht. Wer ohne Talent und sittenstreng mit redlichstem Willen, ehrlichstem Fleiß, eifrigstem Streben, um sich einen Erwerb zu schaffen, die Bühnenlaufbahn betritt, der zieht ein allertraurigstes Los. Seiner wartet Enttäuschung, Demütigung, Beschimpfung, zuletzt Verzweiflung.«

(Quelle: Paul Schlenther, Der Frauenberuf im Theater, Berlin 1895, Auszug)

Im Casino von Baden-Baden verspielte Adele ihre letzten Ersparnisse und setzte ihrer Schauspielkarriere ein Ende. – Fotografie, um 1935.

Sparsamkeit erzogen worden und hatte auch von frühester Jugend an nie gelernt, mit dem Gelde haushälterisch umzugehen. / Bis in mein 25. Lebensjahr hatte ich soviel wie gar kein Taschengeld erhalten, obgleich mir auf der andern Seite nie von ihr die Befriedigung irgendeines Wunsches versagt worden war, wenigstens in meinen jungen Jahren. Kein Wunder, daß ich vollkommen unwissend in Geldangelegenheiten war und nie genau berechnete, was ich mir in dieser Beziehung gestatten durfte oder zu versagen hatte.«

Zugutehalten muss man der erfolglosen Adele allerdings, dass die Existenz als Schauspielerin im 19. Jahrhundert recht schwierig und auch in der bürgerlichen Welt wenig angesehen war. Selbst wenn man – wie Adele – aus einer bekannten Künstlerfamilie stammte. Um sich mit oftmals geringer Gage über Wasser zu halten und die teuren Kostüme zu beschaffen, benötigte die Schauspielerin damals eine zusätzliche Möglichkeit, Geld zu verdienen oder die Unterstützung ihrer Familie, eines Galans bzw. die Sicherheit einer Ehe.

»Meine Börse wurde (...) stark in Kontribution gesetzt, und ich kam in die größte Verlegenheit« und war »auf dem schönsten Wege an den Bettelstab.«

3 Adele ist arbeitslos

DAS DAMALIGE MÜNCHEN

Als Adele nach ihrem Karriereende am Theater in ihre Heimatstadt München zurückkam, war ihre Börse leer. Selbst das Reisegeld hatte sie nur zusammengebracht, weil sie ihre teuer in Hamburg angeschaffte Garderobe versetzt hatte.

Das München aus Adeles Kinder- und Jugendzeit hatte sich inzwischen verändert. 1852 war München Großstadt geworden und beherbergte 1867 in 10 572 Gebäuden eine Einwohnerschaft von rund 145 000 Menschen; dazu kam noch das stationierte Militär. Durch den wirtschaftlichen Aufschwung und die Landflucht verdoppelte sich bis 1883 die Einwohnerzahl nahezu. Im deutschen Kaiserreich übertrafen nur Berlin, Hamburg und Breslau die bayerische Residenzstadt zahlenmäßig. München war über die alte Ummauerung längst hinausgewachsen. 1854 wurden Au, Haidhausen und Giesing eingemeindet. Hier wohnten überwiegend die sozial schwachen Bevölkerungsschichten.

Prachtstraßen und Bahnlinien wurden errichtet: Das Gebäude des Maximilianeums auf der Isaranhöhe schloss die breite Maximilianstraße ab und vom Münchner Zentralbahnhofsgebäude (Hauptbahnhof) aus konnte man mit dem Zug nach Augsburg oder Starnberg fahren. Der nach dem bayerischen König Max II. Joseph benannte Maximilianstil veränderte das Gesicht der vormals mittelalterlichen und unter König Ludwig I. klassizistisch geprägten Münchner Stadt.

Zügig entstanden Gründerzeitviertel in der Max- und der Ludwigsvorstadt, die bereits mit Kanalisation ausgestattet wurden, um der Cholera (Ausbruch 1854) Einhalt zu gebieten. So wurde München nach den Plänen des Mediziners und Epidemiologen Max von Pettenkofer allmählich zu einer gesunden

München im 19. Jahrhundert: Mittellos kehrte Adele 1868 wieder in ihre Heimatstadt zurück. – Aquarell von Carl Friedrich Heinzmann, 1836.

und schönen Stadt. Wissenschaft und Kunst waren hier beheimatet, ebenso Universität und technische Hochschule. Handel und Wandel blühten mit der Ersten Deutschen Weltausstellung sowie dem Maffeischen Eisenwerk und der ersten dort produzierten Dampflokomotive (1841).

Unter König Ludwig II. liberalisierte sich das Wirtschaftsleben; neue Banken förderten das Kreditwesen und damit die Gründung von Handelsgesellschaften und Unternehmen bzw. Fabriken. Es war eine Zeit des Aufbruchs und Umbruchs in der Münchner Stadtgesellschaft und im Umland, als sich Adele Spitzeder 1868 wieder dort niederließ.

GELDNÖTE UND AUSWEGE

Zunächst stieg Adele mit wenig Gepäck im einfachen Gasthof Munkert ab, der später unter dem Namen »Deutsches Haus« bekannt wurde und in der Dienergasse lag.

Um einen Ausweg aus ihrer Arbeitslosigkeit und Geldnot zu finden, erinnerte sie sich an das ehemals abgebrochene Engagement am Hoftheater, in der Hoffnung, dieses nunmehr

Die Wohnungen der »kleinen Leute«, genannt Herbergen, in der Münchner Vorstadt Au. – Fotografie um 1900.

fortsetzen zu können. Allerdings erhielt sie eine abschlägige Antwort auf ihre Anfrage, desgleichen beim Münchner Aktientheater, dem heutigen Gärtnerplatztheater. So wurde ihrer »an Schwindsucht laborierenden Börse nicht auf die Beine geholfen«, wie sie es selbst ausdrückte.

Da sich auch der Plan, eine Theateragentur zu eröffnen, zerschlug, wandte sich Adele um Hilfe an ihre Mutter. Sie erhielt ein monatliches Taschengeld von 50 Gulden zugestanden, was für Adele aber nur »ein Tropfen auf den heißen Stein« war. Denn sie musste nicht nur sich selbst, sondern auch ihre Begleiterin, ebenfalls eine gescheiterte Schauspielerin namens Emilie Stier mit dem Pseudonym Branitzka, sowie ihre sechs kleinen Hunde erhalten.

Trotz ungewohnter Sparsamkeit, z. B. anstelle der Mahlzeiten in Gasthöfen nun Lebensmitteleinkäufe und eigenhändiges Kochen, reichten ihre Finanzen nicht aus. Sie musste sich Geld leihen, wofür sie hohe Wechsel ausstellen und Zinsen bezahlen musste. In ihren Memoiren heißt es dazu: »Als die Geldmittel wiederum mehr und mehr auf den Gefrierpunkt

Löhne und Preise in München um 1870

Preise:

Zimmer im Hotel Vier Jahreszeiten ab 2 fl.; im Hotel Bayerischer Hof ab 1 fl. 24 kr.; im Hotel Maximilian 1 fl.

Frühstück im Hotel allgemein 36 kr.

Table d'hôte (Tagesmenü), gehobenes Hotel 1 fl. 24 kr.

Im Café Noris: 1 Tasse Kaffee oder Tee 7 kr.; 1 Eis 12 kr.; 1 Tasse Schokolade 12 kr.

Maß Sommerbier 7 kr., Winterbier oder Weizenbier 6 kr. 1 Semmel zu 2 Lot (35 g) 1 kr.

100 Kilo Kartoffeln 1 fl. 25 kr.

1 Pfund Butter 35 kr.; Schmalz 31 kr.

1 Liter Milch 6 kr.; 1 Liter Rahm 24 kr.

1 Pfund Ochsenfleisch 19 kr.; Schweinefleisch 22 kr.; Hammelfleisch 13 kr.; Westfälischer Schinken, Mortadella oder Salami 1 fl.

1 Pfund Roggenmehl 5 kr.; Weizenmehl 6 kr.; Kaisermehl 10 kr.; Gries 9 kr.

5 Eier 8 kr.; 1 Stück Taube 14 kr.; Huhn 42 kr.; Ente 1 fl. 4 kr.; Gans 2 fl. 10 kr.

1 Pfund Karpfen 28 kr.; Forelle 1 fl. 24 kr.

1 Pfund Makkaroni 22 kr.; Würfelzucker 22 kr.; Malzkaffee 10 kr.

1 Liter einfacher Branntwein 14 kr.; guter 48 kr.; deutscher Wein 25 kr.; Met 28 kr.; Kirschwasser 2 fl. 36 kr.

12 Orangen 54 kr.; 12 Zitronen 30 kr.

1 Pfund Seife 16 kr.

Jahresgehälter:

1. Bürgermeister 5.500 fl.

Schul- oder Rechtsrat 1.700 fl.

Beamte 1. Kl. (Ingenieur der Baukommission, Kontrolleur der Sparkasse) 1.200 fl.

Beamte 2. Kl. (Oberapotheker, Tierärzte, Brunnmeister, Stadtbuchhalter, Rechnungsführer) und Oberlehrer 1.100 fl.

Offizianten 1. Kl. (Schrannenkommissar, Landinspektor, Feuerwehrinspektor, Stadtgärtner) 1.000 fl.
Offizianten 2. Kl. (Stadtzollinspektor, Beleuchtungsinspektor) und Klassenlehrer 800 fl.
Niedere Bedienstete 1. Kl. (Viehmarktaufseher, Magistratsschreiber) 700 fl.
Niedere Bedienstete 2. Kl. (Schulhausmeister, Isaraufseher, Brunnenwärter, Bader im Krankenhaus) 500 fl.
sog. »kleine« Lehrerinnen 350 fl.

Allgemeine Löhne:
Metzgergehilfen wöchentlich 3 fl. 20 kr.
Maurer täglich 2 fl.
landwirtschaftliche Arbeiter täglich 55 kr.
Arbeiterinnen 37 kr.
Anm.: 1 Gulden (fl.) = 60 Kreuzer (kr.)

(Quelle: Dietrich Klose/Franziska Jungmann-Stadler, Königlich Bayerisches Geld. Zahlungsmittel und Finanzen im Königreich Bayern 1806–1918, München 2006.)

herabsanken, da schränkte ich, rationell genug, meinen Haushalt mehr zusammen und – kochte selbst, obwohl ich früher nie auch nur eine Kartoffel abgesotten hatte. Morgens kaufte ich immer die unumgänglich notwendigen Viktualien hierzu und auf meinem Kochapparate, dessen glückliche Besitzerin ich aus früheren, besseren Zeiten geblieben war, verfertigte ich meine einfache Nahrung, und – sie mundete mir ganz vortrefflich. In den Nachmittagsstunden braute ich guten Mokka, rauchte eine Zigarre, und abends ging ich in Begleitung einer Freundin in ein billiges Restaurant und verzehrte ein frugales Abendmahl.«

Doch dem Wirt des Gasthofs Munkert gefiel das Wohnverhalten Adeles mit ihren Hunden ganz und gar nicht. Er kündigte ihr und Adele musste mit Emilie und den Tieren ausziehen. Übergangsweise logierte sie nun im »Goldenen Stern« und dann in zwei Zimmern im »Österreichischen Hof«, einer eher bescheidenen Bierwirtschaft, weiterhin begleitet von ihren Hunden und ihrer Freundin. Mit den Wiener Wirtsleuten stand sie bald auf vertrautem Fuße, sie übernahm sogar die Patenschaft für einen Täufling der Wirtsfamilie Knopf. Oftmals saßen sie alle gemütlich beisammen und feierten einmal sogar Adeles Namenstag in großem Stil.

Diese angenehme Zeit ging im Oktober 1870 zu Ende, als ein Brand im Gasthof ausbrach und Adele mit ihrer Begleitung fluchtartig das Haus verließ: »Meine Freundin und ich im panischen Schrecken ergriffen eilends über Hals und Kopf die Flucht. Die Freundin nahm die Geldtasche mit etwas über 200 Gulden Inhalt, ich die vier (!) Hunde im Armkorb.« In Schlafrock und Pantoffeln, den Hut der »Königin Elisabeth«, ein Restbestand ihrer Theatergarderobe, auf dem Kopf, eilte sie zurück ins »Deutsche Haus«, wie der Gasthof Munkert inzwischen hieß. Dort bezog Adele samt Entourage zwei Zimmer im zweiten Stock des Gasthofs, wo sie sich erst einmal aufs Sofa setzte und zur Beruhigung eine Zigarre rauchte.

Jetzt war Adele also wieder am Ausgangspunkt angekommen, nichts hatte sich geändert. Eine Alternative zum Schuldenmachen musste her, denn ihr Ansehen bei den Geldverleihern war mittlerweile gesunken. Sie forderten immer höhere Zinsen und verlangten von ihr zudem noch, Nebengeschäfte zu tätigen: »Der Verleiher Isaak R. lieh mir 500 Gulden, gab mir ein schlechtes Ölgemälde dazu und gab mir hierfür auf 3 Monate einen Wechsel auf 800 Gulden.« Bilder und manchmal noch »miserablere Zigarren« sollte sie zu Bargeld machen. Eine grundlegende Lösung für die nun fast drei Jahre andauernde Geldnot war dringend nötig.

»Durch meine frühere Holzfrau wurde ich nämlich mit der Frau eines in der Au wohnenden Zimmermanns bekannt ... Sie brachte mir Geld und vermittelte späterhin noch weitere Darlehen.«

4 Adele gründet die »Dachauer Bank«

DER BEGINN

Adele suchte und erkundigte sich nach Geldverleihern, die ihr in dieser angespannten Situation noch etwas geben wollten. So machte sie durch die Vermittlung ihrer Holzlieferantin die Bekanntschaft der Ehefrau eines Zimmermans aus der Münchner Vorstadt Au. Die Au, am rechten Ufer der Isar gelegen, war die Wohngegend der sogenannten kleinen Leute, der Handwerker und Arbeiter.

Seit 1854 nach München eingemeindet, befanden sich hier – wie im benachbarten Vorort Haidhausen – zahlreiche kleine Häuser, enggedrängt und schäbig, bewohnt von Menschen, die mit ihrer Hände Arbeit ihr Geld verdienten und damit kaum ihre Existenz sichern konnten. So bekam beispielsweise ein Metzgergehilfe wöchentlich etwas über 3 Gulden und ein Maurer täglich 2 Gulden Lohn. Nur hie und da konnte von dem Wenigen etwas zur Seite gelegt werden.

Die schwangere Ehefrau des Zimmermanns war von Adele, ihrem gutbürgerlichen Auftreten und ihrer seriösen Ausstrahlung so beeindruckt, dass sie ihr Geld lieh, zumal die ehemalige Schauspielerin versprach, das Geliehene mit 10 Prozent monatlich zu verzinsen. So begann Adele Spitzeders Geldgeschäft, zumindest wie sie es in Erinnerung hatte: »Sie brachte mir Geld und vermittelte späterhin noch weitere Darlehen von einem Berufsgenossen ihres Mannes. Letzterer machte sodann selbst Geschäfte mit und war überhaupt der erste von den Tausenden, welche soviel persönliches Vertrauen zu mir faßten, ohne jedwede Sicherheit oder Deckung Geld darzuleihen. Dieser Zimmermann (...) brachte mir nicht nur sein eigenes, sondern auch das Geld anderer Leute, so eines

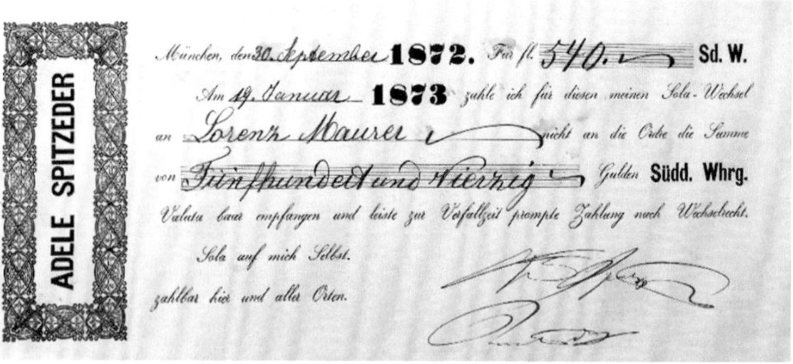

ADELE SPITZEDER

München, den 30. September 1872. Für fl. 540.– Sd. W.

Am 19. Januar 1873 zahle ich für diesen meinen Sola-Wechsel

an Lorenz Maurer nicht an die Ordre die Summe

von Fünfhundertundvierzig Gulden Südd. Whrg.

Valuta baar empfangen und leiste zur Verfallzeit prompte Zahlung nach Wechselrecht.

Sola auf mich Selbst.

zahlbar hier und aller Orten.

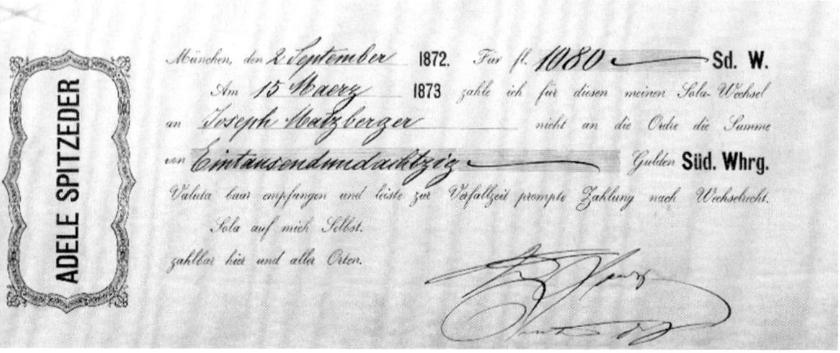

ADELE SPITZEDER

München, den 2 September 1872. Für fl. 1080 Sd. W.

Am 15 Maerz 1873 zahle ich für diesen meinen Sola-Wechsel

an Joseph Matzberger nicht an die Ordre die Summe

von Eintausendundachtzig Gulden Süd. Whrg.

Valuta baar empfangen und leiste zur Verfallzeit prompte Zahlung nach Wechselrecht.

Sola auf mich Selbst.

zahlbar hier und aller Orten.

Adele Spitzeder führte keine offiziellen Bücher über ihre Geldgeschäfte, sondern stellte nur Wechsel aus. Hier zwei Exemplare der »Dachauer Bank« mit ihrer Unterschrift.

weiteren Zimmermanns, einer Geflügelhändlerin und eines Dienstmannes.«

Bald sprach sich die Möglichkeit der schnellen Geldvermehrung bei der Spitzeder herum. Adele beschrieb das so: »Anfangs waren es nur die früher genannten drei Gläubiger, diese führten aber wieder ihre Freunde und Bekannten bei mir ein, und zwar ohne Aufforderung, und so mehrten sich die freiwilligen Gelddarleiher nach und nach ins Unendliche, so daß ich es in der Folge mit einer wahren Kreditlawine zu tun bekam, welche mich förmlich betäubte, jedoch sich weder dämmen noch sonstwie halten ließ.«

Sie verzinste also das geliehene Geld mit 10 Prozent monatlich und gewährte den Vermittlern dieser Einlagen

Der Wechsel – ein Wertpapier

»Ein Wechsel (englisch *bill of exchange*, französisch *lettre de change*, italienisch *cambiale*) ist ein Wertpapier, das die unbedingte Anweisung des Ausstellers an den Bezogenen enthält, bei Fälligkeit an einem bestimmten Zahlungsort eine bestimmte Geldsumme an den Aussteller oder einen benannten dritten Zahlungsempfänger zu zahlen. (...) Der Wechsel ist wie der Scheck zunächst ein Zahlungsmittel, aber (...) zusätzlich auch ein Kreditmittel.«

(Quelle: Wikipedia, Artikel »Wechsel (Wertpapier)«)

Provisionen. Sicherheiten bot sie keine, sondern stellte über die Höhe der Kredite nur Wechsel aus.

An einem Sonntagnachmittag betraten – nach Adeles Erinnerungen – »plötzlich eine Menge Leute aus der niederen Volksklasse« ihr Zimmer und wünschten mitgebrachtes Geld anzulegen, denn sie hätten in der Au, in Giesing und auch in der Stadt gehört, dass »Fräulein Adele Spitzeder« gegen Verzinsung Geld annehme. Und als sie sagte, sie habe keine Sicherheiten vorzuweisen, da meinten die »naiven Leutchen« einfach: »Das macht nix, wir wollen's probieren.«

Die Geldgeschäfte begannen ungefähr im Frühjahr 1869, als Adele noch im »Goldenen Stern« logierte, und wurden mit der Zeit zu einer veritablen Massenbewegung. Die spätere Anklageschrift verzeichnete dazu: »Gegen Weihnachten 1869 hatte sich das Geschäft schon sehr gehoben. Alte Weiber und gewöhnliche Leute aller Art gingen den ganzen Tag bei ihr aus und ein.«

Von Mund zu Mund ging die Kunde von der wundersamen Geldvermehrung bei der Spitzeder, und auch die Anzahl der Vermittler steigerte sich. Da Adele bei jeder Einlage sofort die Zinsen für zwei Monate auszahlte – bei einer Laufzeit von meistens drei Monaten – und auch nicht fällige Wechsel vorzeitig eingelöst wurden, wuchs das Vertrauen in ihre Geldgeschäfte stetig an. Der Andrang war so groß, dass sie zwei weitere Zimmer im Gasthof »Deutsches Haus«, wo sie mit ihrer

Freundin seit Frühling 1870 wieder wohnte, sowie ein Zimmer für ihren Bediensteten Franz Silchinger anmieten musste.

Die Zimmermiete belief sich auf jeweils 10 bis 12 Gulden monatlich und die Ausgaben für Hilfskräfte erhöhte sich beständig, wie auch die Zahl der Bediensteten, die im Laufe der Monate bis auf 27 Personen anschwoll. Diese sollten für Ordnung sorgen, was beim Andrang solcher Menschenmassen – »Millionen und abermals Millionen kamen und gingen« – schier unmöglich war. Seit Mitte 1871 betrug die Verzinsung nur mehr 8 Prozent im Monat, das waren 96 Prozent im Jahr.

Schließlich wurde es dem Wirt Fränkel zu bunt, denn ein normaler Hotelbetrieb war unter solchen Umständen nicht mehr möglich. Er kündigte Adele Spitzeder die vermieteten Zimmer.

DIE BLÜTEZEIT

Anfang Oktober 1871 zog Adele Spitzeder in ihr erworbenes und »schön möbliertes«, »lichtgelb« angestrichenes, zweistöckiges Haus mit rückseitig angrenzendem Garten an der Schönfeldstraße Nr. 9 ein. Im oberen Stockwerk lag ihre Wohnung und unten im Erdgeschoss befand sich das Auszahlungszimmer mit Vorzimmer, möbliert mit einem großen Tisch, einer Kopiermaschine, einem Schreibtisch mit Strohstuhl und Papierkorb. Das Vorzimmer fungierte als »Kabinett« ihres Privatsekretärs. Im Auszahlungszimmer stand ebenfalls ein Schreibtisch, auf dem das Strafgesetzbuch und das Wechselstempelbuch zur Einsicht auslagen. Der Raum wurde durch ein eisernes Gitter in der Mitte unterteilt, hinter dem auf einem mit Wachstuch bezogenen Tisch die auszuzahlenden Gelder von einem der drei Zahlmeister aufgelegt wurden. Auf einem kleinen Beistelltisch lag das Quittungsbuch, in dem die Rückgabe der Gelder bestätigt werden musste. An einem weiteren kleinen Tisch saß der Kontrolleur, der die bezahlten Wechsel mit einem Riss ungültig machte. Diese entwerteten Dokumente wurden dann gebündelt und aufbewahrt. An einem weiteren Tisch betätigten sich die Geldsortierer. Vor dem Gitter und vor allen Zimmertüren sowie

Franz Silchinger war von Beginn an Bediensteteter der Adele Spitzeder. – Zeichnung aus dem Schwurgericht München, 1873.

vor Adeles Privatwohnung waren Wachposten aufgestellt, die dem »immensen Menschenandrange« Herr werden und für Ordnung sorgen sollten. Im Hausflur waltete ein »breitschultriger Portier« seines Amtes und verwies die Ankommenden in den für sie zuständigen Raum. Auch vor dem Gebäude stand zum Empfang ein Portier. Alle Bediensteten der Spitzeder trugen Livree. Im hinteren Bereich des Hauses lag die Erdgeschosswohnung des Hausmeisters und im linken Hausteil befanden sich die Räume zur Annahme und Auszahlung der Kapitalien. Ein Plakat, im Hausflur angebracht, wies darauf hin, dass wegen der geschwächten Gesundheit der Privatière Spitzeder an Samstagen sowie an Sonn- und Feiertagen keine Geschäfte getätigt werden. Ansonsten wurden ab 9 Uhr morgens bis 1 Uhr mittags Gelder und Zinsen ausgezahlt und zwischen 1 und 2 Uhr Gelder angenommen.

Adeles Geldgeschäft wurde inzwischen Land auf, Land ab die »Dachauer Bank« genannt, denn aus dem Dachauer Land kam offensichtlich eine bedeutende Zahl von Geldeinlegern –

aber nach und nach auch aus anderen Orten und Landstrichen. Ein Wirtshausspruch drückte die Situation damals sehr bezeichnend aus: »Die Dachauer Bank kriegt noch s'Geld vom ganzen Land.«

Adeles Geldeinleger (eigentlich vielmehr Gläubiger) waren überwiegend die sogenannten »kleinen Leute«, also Angehörige der gesellschaftlichen Unterschichten in Stadt und Land, wie Kleinbauern, Kleingewerbetreibende, kleine Händler, Geschäftsinhaber, Dienstleistende – Männer wie Frauen. Auch Geistliche fanden den Weg in die »Dachauer Bank«: So legte Pfarrer Michael Buchele aus Hirtlbach im Kreis Dachau »mehrere tausend Gulden« an und holte die Zinsen immer diskret in der Spitzederschen Wohnung ab. Pfarrer Buchele meinte sogar, dass »die Leute seiner Gegend alle ihre disponiblen Gelder« in die »Dachauer Bank« gebracht hätten.

Der Modernisierungsschub in Bayern (nach der Niederlage im Krieg 1866 gegen Preußen) aufgrund der Reformen in der Wirtschafts- und Sozialgesetzgebung brachte Chancen, aber auch Verunsicherungen. Am wirtschaftlichen Aufschwung wollten viele teilhaben, wünschten sich Lebenschancen und Gewinnmöglichkeiten, ohne dabei der Risiken und Krisen zu achten.

In den stürmischen Monaten der Jahre 1870/71, in denen auch der Deutsch-Französische Krieg (19. Juli 1870–10. Mai 1871) stattfand, aus dem das deutsche Kaiserreich hervorging, betrugen die täglichen Einlagen der »Dachauer Bank« zwischen 50 000 und 100 000 Gulden. Adele hatte inzwischen die Monatszinsen auf 8 Prozent gesenkt, die Provision der Geldvermittler lag bei 5 bis 7 Prozent.

Der Bericht über die nachmalige Gerichtsverhandlung beschrieb die damalige Lage der Spitzeder so: »Am 1. Oktober 1871 siedelte sie in ihr eigenes Haus Nr. 9 an der Schönfeldstraße über, das sie bereits im Juli dess(elben) Jahres käuflich erworben und für den Betrieb ihres Geschäftes hatte in Stand setzen lassen. Wagen und Pferde hatte sie sich schon zuvor bereits im August beiläufig angeschafft. Es begann nun ein Leben im großen Styl. Auch das Geschäft nahm immer bedeu-

Die Kundschaft der »Dachauer Bank«

Gemäß einer Stichprobe gehörten »drei Viertel der Gläubiger (...) zu den Unterschichten, ein weiteres Fünftel zählte zur unteren Mittelschicht, während nur ganz wenige Einleger höher einzustufen sind, in erster Linie ›Privatiers‹ (...). Fabrikarbeiter (...) und Angestellte in der Industrie stellten aber nur einen ganz geringen Anteil. Hingegen machten Dienstmädchen und Bauernmägde allein bereits ein Siebtel der Stichprobe aus, zusammen mit Knechten, Näherinnen, Kellnerinnen und Köchinnen ein Viertel. Die größte einzelne Gruppe waren mit über einem Fünftel Handwerker von undefinierbarem Status bzw. ihre Ehefrauen. Fast ein Zehntel waren Taglöhner und Taglöhnerinnen. Etwas mehr als ein Zehntel stellten schließlich die ›Bauern‹ (...), wobei (...) der überwiegende Teil der betroffenen Landbevölkerung wohl erst nach dem Novembertermin seine Forderung angemeldet hat und damit gewiß einen weitaus größeren Anteil an den Gläubigern stellte, als dies in der Stichprobe zum Ausdruck kommt. Angehörige des öffentlichen Dienstes machten schließlich zusammen etwa ein Zwölftel aus, darunter vor allem Soldaten und Unteroffiziere neben einigen Bremsern und Wagenwärtern der Eisenbahn.«

In einer »Namensliste der Gläubiger« werden von Nr. 34 bis Nr. 132 zahlreiche Frauen mit ihren Berufen bzw. ihrem Stand aufgeführt, z. B. Ministerialsekretärswitwe, Privatière, Lehrerin, Köchin, Wäscherin, Waffenschmiedsfrau, Näherin, Taglöhnerin, Dienstmagd, Schneidersfrau, Sattlersfrau, Kindsmagd, Tischlerswitwe, Packträgerswitwe, Hausmeisterin, Schuhmacherin, Dienstmädchen, Schäfflerstochter, Zugeherin, Zimmermannsfrau, Schneidersgattin, Schlossersfrau, Verwalterswitwe, Kesselschmiedsfrau, Dienersfrau ...

(Quellen: Dirk Schumann, Der Fall Adele Spitzeder 1872, ZBLG, 1995, S. 1002. – Staatsarchiv München, Landgerichte 2741 (Edictalladung v. 31. Dez. 1872.)

Adele Spitzeder,

die fromme Schwindlerin.

„Ihr lieben Leute, hört und schaudert d'ran, was Rosza Sandor hat gethan", so ungefähr beginnt jenes schauderöse Lied, welches von einem Mann im Kalabreserhut, seiner Frau als Altistin und allenfalls noch einer Tochter als Sopranistin gesungen und durch aufgespannte Tableaux veranschaulicht, seine Wirkung auf jenes Publikum, welches eben den Gesängen dieser Barden lauscht, seine ergreifende Wirkung noch niemals verfehlt hat. Alles ist entsetzt, wenn der Entrepreneur mit seinem Stöckchen auf jenes Bild schlägt, wo „dieser große Bösewi—i—icht vergessen hat an Ehr' und Pflicht" und jenem wehrlosen Hirten mit den vom Maler verrenkten Gliedern eine Pistole vorhält. . . .

Denselben komischen Eindruck, den solche Produktionen bei Passanten hervorbringen, deren Ansprüche über das Niveau des Meidlinger Theaters hinausgehen, machte auf uns eine in München erschienene Flugschrift: Lebensbeschreibung der Dachauerbank-Inhaberin Adele Spitzeder in München."

Die Komik liegt aber bei diesem Schriftchen nicht etwa in der haarsträubenden, supernaiven Darstellung allein, obgleich der Stil desselben ebenfalls an den „Bösewi—i—icht" erinnert, sondern in dem höchst ergötzlichen Umstande, daß unter dieser dem ersten Anscheine nach karikirenden und verdammenden Lebensbeschreibung sich eine Vertheidigung der berüchtigten Hochstaplerin verbergen will, und es ist zweifellos, daß wir es hier mit einem klerikalen Machwerke, das ähnlichen Versuchen an — Dummheit keineswegs nachsteht, zu thun haben.

Die Schrift ist vor Allem bemüht, den Lesern das verehrte Fräulein so interessant als möglich zu machen. Adele Spitzeder, die im Jahre 1829 geboren wurde, „war von ihrem fünften bis zum eilften Jahre krank, und sie konnte mit eilf Jahren weder lesen noch schreiben, mit dem erreichten eilften Jahre entwickelten sich jedoch ihre geistigen und körperlichen Eigenschaften auffallend schnell. Ihre sehr wohlhabenden Eltern ließen ihr eine ausgezeichnete (!) Erziehung geben. Sie erlernte fünf Sprachen, studirte nebenbei auch Jurisprudenz, Medizin und Botanik."

„Ihr unruhiger Geist", sagt der geistvolle Autor weiter, als hätte er die Entwicklung einer berühmten Schriftstellerin zu schildern, „fand jedoch in diesen Studien keine Befriedigung", und in ihrem 18. Jahre wurde sie entweder von ihrer Umgebung, oder von dem „diabolischen Zuge, welcher wie ein rother Faden durch alle Handlungen ihres Lebens sich zieht", dazu verleitet, aus dem Elternhause durchzugehen und Schauspielerin zu werden. Als solche gewann sie, wie der Verfasser mit echt pfäffischer Perfidie zu erzählen weiß, in hohem Grade die Gunst des verliebten Königs Ludwig I. von Baiern, der sie als Vorleserin gerne bei sich sah, in noch höherem Grade aber die Gunst seiner königl. Hoheit des Prinzen Karl von Baiern. Ueberhaupt war sie damals ein bei Hofe gerne gesehener Gast (!), und es fehlte nicht an Neidern, welche ihr dies zweifelhafte Glück mißgönnten."

Sie begab sich hierauf in die Schweiz, welche sie später mit Hinterlassung von Schulden wieder verließ, aber sie konnte nichts für's Schulden machen, denn „ihr exzentrischer Geist ertrug keine Fesseln, zügellos in Allem stürmte sie durch's Leben", und dann war sie von „bezahlten Freunden und Freundinnen umgeben, die das arme Geschöpf gar nicht zu sich kommen ließen.

Im Jahre 1867 erschien in der „Zeitung für Alles", wie der Autor die „Münchener Nachrichten" nenn[…] berühmt gewordene Annon[…] der sich die Gründung der D[…] Bank beschreibt, und vo[…] Periode an müht sich da[…] serat — das Schrift[…] nichts Anderes — redlich […] Schwindlerin als nur leich[…] der Tragweite ihres Gebar[…] nicht bewußt, vom Größe[…] sinn behaftet und durch […] „Hof von Schurken und S[…] leckern" (wobei nur vergess[…] daß sie hauptsächlich B[…] und Betschwestern um sich […] bethört darzustellen. Charakt[…] ist die besondere Hervorheb[…] Umstandes, daß ein Ju[…] Erste war, welcher Adele […] erste Darleihen bewilligte. […] jüdischen Wucherer also ha[…] Unglückliche in's Verderb[…] stürzt.

„Verkommene Rechtsprc[…] ten, Advokaten und Literaten […] von sehr zweifelhaftem (kle[…] Rufe umschwärmten sie mi[…] schlägen und gräuliche[…] gedichten, schnöde[…] terhändler und […] delsjuden suchten […] ihr glänzende […] schäfte zu machen." […] Juden sind doch an Allem […]

Unter solchen Umständ[…] bei dem bereits erwähnten […] lischen Zuge ihres Wesens" […] der barmherzige Schriftstelle[…] len nur für wahnsinnig ha[…] kann sie „nicht verdamme[…] bedauern", über die ge[…] Freuden solcher stillen Näc[…] Adele mit ihrer Freundin […] zubrachte, breitet er […] den in gewissen Fällen […] tischen „Schleier der […] chen Liebe", er kann nic[…] gessen an die „Hetze, wel[…] Presse Münchens wiederh[…] Szene setzte, sowie — und […] wohl die komischeste Stelle […] Brochure — an „die m[…] dem Monat anwa[…] de **Geldgier** (!) ihrer […] biger. Diese sowie die […] dereien ihrer Dienerschaft […] sachten ihr „Aufregungen" […] sie wäre nicht zu Grunde gegangen, hätte sie statt Schurken ehrliche Leute um sich g[…]

Nun folgt die Schilderung des Sturzes. Adele wird niedergeschmettert, ih[…] erschlafft, „sie war überzeugt, daß ihr Geschäft auf gesetzli[…] Boden stehe, daß man ihr nichts anhaben könne, sie täu[…] sich bitter; sie wurde krank, wahnsinnig, das unglückliche Weib liegt gegen[…] schwer krank darnieder, und „vielleicht erlöst sie der Tod von den Leiden ein[…] fehlten Lebens."

Ist das nicht rührend? Das arme Geschöpf, das der Wohlthaten so un[…] gespendet, sie, die „in Palästen gerne gesehene Favoritin, endet dann in der Gefä[…] zelle! Ein furchtbares Gottesgericht!"

Zum Schlusse aber verdreht der Autor vollständig die Augen gen Himm[…] mahnt alle durch den Bankerott Beschädigten, das Unglück in Ergebu[…] tragen und diesem Weibe nicht zu fluchen. „Verdammen wir sie nicht, Got[…] sei der Richter!"

Ja, der liebe Gott muß gar oft herhalten, wenn es gewissen Leuten […] Kragen geht, und es wäre Jenen, die mit 10% an dem Geschäfte betheiligt […] allerdings recht angenehm, wenn das irdische Gericht *nicht* eine öffentliche Verha[…] anordnen müßte. Es wird aber hoffentlich zu einer *solchen* Verhandlung komm[…] der gar interessante Dinge enthüllt werden müssen, und *dann* dürfte das Lied ge[…] werden:

„Ihr lieben Leute, hört und schaudert dran, was Adele &c."

(Adele Spitzeder.)

Die »fromme Schwindlerin«, hochanständig gekleidet und mit Kreuz um den Hals. – Karikatur von Carl Angerer aus dem illustrierten Wiener Extrablatt, 1872.

tendere Dimensionen an, wozu hauptsächlich ihre wohlüberlegte Taktik beitrug, dasselbe gegenüber den Leuten als ein Unternehmen hinzustellen, welches auf den Nutzen und die Förderung der Interessen des armen und gemeinen Mannes im Gegensatz zu den Reichen berechnet sei. Dadurch, daß sie (...) sich eine Masse von eifrigen Agenten (schuf), welche schon aus eigenem Interesse den Ruhm und die Uneigennützig-

Situation auf dem Lande

Nach 1845 war die bayerische Politik bestrebt, das »mittelständische Bauerntum als Grundlage der bestehenden Staats- und Gesellschaftsordnung zu erhalten.« In Bayern herrschte der mittelgroße bäuerliche Familienbetrieb vor; einer Minderheit von Vollbauern stand eine Mehrheit von Tagelöhnern, Häuslern, Handwerkern, Dienstboten und Mägden gegenüber. Wirte und Müller waren eher eine wohlhabende Ausnahme. Die meisten bäuerlichen Betriebe litten unter Geldmangel, und die Agrarkrise der 1870er Jahre verschlechterte zudem ihre Lage. Zusammen mit dem Bevölkerungswachstum führte dies zur Verarmung und in Folge dessen zu einer Abwanderung in die Städte (Landflucht) oder gleich zur Auswanderung. 1880 wurden 3739 landwirtschaftliche Anwesen in Bayern zwangsversteigert.

(Quelle: Pankraz Fried, in: Handbuch der bayerischen Geschichte, Bd. 4/II, S. 753ff.)

keit des Dachauerbankgeschäftes der Adele Spitzeder nach allen Himmelsgegenden verkündeten, (kam es), daß der Zudrang des kleinen Capitals zu dem Spitzederschen Geschäfte ein immer größerer wurde.«

Der Andrang der Menschen, die in der »Dachauer Bank« ihr Geld einlegen wollten, war oftmals derartig groß, dass diese häufig stundenlang warten mussten, bis sie vorgelassen wurden. »Diesen bot die unermüdliche Fürsorge der Adele Spitzeder einstweilen ein Asyl in der von ihr erworbenen Gastwirtschaft ›zum Tell‹, wo sie auf ihre Kosten bewirtet wurden«, weiß der spätere Schwurgerichtsbericht. »Thue Recht und scheue Niemand«, hieß die Devise der Bankinhaberin, welche auf großen Plakaten in den Geschäftsräumen der »Dachauer Bank« zu lesen war.

Freilich war das Geldinstitut der Spitzeder keine reguläre Bank. Hier wurde nicht ordentlich Buch geführt und Geld gewinnbringend angelegt. Das Messingschild an der Haustüre

Privatbanken in Bayern

Insgesamt gesehen, boten die bayerischen Industriestädte damals lohnende Geschäftsaussichten für Privatbanken. Allein zwischen 1864 und 1870 wurden 38 Privatbanken als Aktiengesellschaften gegründet. In den Jahren davor waren die Zahlen die folgenden:

1834–1843	13 Privatbanken
1844–1853	12 Privatbanken
1854–1863	73 Privatbanken

(Quelle: Wolfgang Zorn, in: Handbuch der bayerischen Geschichte, Bd. 4/II, S. 807.)

vermeldete daher auch: »Adele Spitzeder, Privatiere, Sprechstunden von 1–2 Uhr.« Dennoch wurde sie von der Stadt München mittlerweile als »Bankier 2. Klasse« besteuert; sie widersetzte sich aber erfolgreich einem Eintrag ins Handelsregister mit dem Hinweis, dass sie »zwar Gelder aufnehme und ausleihe, dieses deshalb aber noch lange nicht als Bankgeschäft betrachte.« Allerdings hatte sie inzwischen ihr Geschäft als Gewerbe angemeldet, zumal sie auch in geringerem Umfang Kredite bzw. Darlehen vergab

FRÜHE KRITISCHE STIMMEN

Der übergroße Zulauf zur »Dachauer Bank« blieb nicht unbemerkt und unkommentiert. Der Schwurgerichtsbericht notierte dazu: »Das unheilvolle verbrecherische Treiben der Spitzeder'schen Schwindelbank, welches den Wohlstand ganzer Bevölkerungsklaßen auf's Spiel setzte, mußte natürlich die allgemeine Aufmerksamkeit auf sich ziehen und bei allen Redlichdenkenden ernstliche Besorgniße erwecken. Zuerst wendete sich die unabhängige ihrer sittlichen Aufgabe bewußte Preße gegen das Bankinstitut, suchte das Publikum über deßen schwindelhafte betrügerische Grundlage aufzuklären und vor den unausbleiblichen Folgen des Zusammensturzes zu warnen.«

Die »Münchner Neuesten Nachrichten« hatten bereits Mitte des Jahres 1870 darauf hingewiesen, »daß sich im Deut-

Bereits früh gab es Stimmen, die vor Adele Spitzeders Geldgeschäft warnten, wie z. B. diese zeitgenössische Karikatur: »Die Dachauer Schwindelbank in ihrem höchsten Glanze«.

schen Haus zwei Schwindlerinnen befinden, welche den Leuten, namentlich den rechts der Isar wohnenden, das Geld aus der Tasche zu holen suchten.« Gemeint waren damit Adele Spitzeder und ihre damalige Freundin Emilie. Immer wieder stellten die »Neuesten Nachrichten« die redliche Geschäftsführung der »Dachauer Bank« in Frage.

Daraufhin sah sich Adele genötigt, eine Anzeige zu veröffentlichen mit dem Text: »Um allen böswilligen Gerüchten gegen mich zu begegnen, erkläre ich hiemit, daß die vertrauensvoll bei mir angelegten Kapitalien jeden Tag, wie bisher bei Fälligkeit, bei mir erhoben werden können.«

Auch im Münchner Magistrat, vor allem durch Stadtrat Billing, wurden Warnungen ausgesprochen. Schnell kamen Gerüchte in Umlauf, welche Adeles Schulden aus ihrer Schauspielerinnenzeit bekannt machten und damit ihre Ehrbarkeit untergruben. Martin Sperr lässt Adele in seinem Theaterstück »Die Spitzeder« dazu sagen: »Alle möchtens mir Schwierigkeiten machen, weil ich die Stärkste bin im Bankgewerbe. Und das halten die Herren nicht aus, daß eine Frau besser ist wie sie.«

Auch das Staatsministerium sah sich veranlasst, »in wiederholten Entschließungen öffentlich und eindringlich vor den Dachauerbanken zu warnen, indem es darauf hinwies, daß diese Banken die Zinsen von 90 und 100 Proz. jährlich nur mit Hilfe der Kapitalien bestreiten könnten, welche ihnen neu zufloßen und daß solche Banken, wie dies ähnliche Vorgänge in Italien, Belgien und Ungarn bereits bewiesen hätten, überall mit ungeheurem Verlust am Kapital enden mußten«. So beschrieb die spätere Anklageschrift die damalige Situation gemäß der Veröffentlichung im »Regensburger Tagblatt«.

Diese Warnungen und Gerüchte blieben nicht gänzlich ohne Wirkung. Zahlreiche Einleger verlangten zu Frühlingsbeginn des Jahres 1871 auf einmal ihr Geld von der »Dachauer Bank« zurück. Gerade noch konnten die zahlreichen Forderungen beglichen werden, und allmählich floss wieder Geld nach. Das Geldgeschäft der »Dachauer Bank« blühte wie eh und je.

»Grundbesitz hatte ich (…) genug erworben.«

5 Adele kauft und macht Pläne

GUTSHÖFE UND GEBÄUDE

Adele Spitzeder nahm mit ihrer »Dachauer Bank« Millionen an Bargeld und Wertpapieren ein. Allerdings machte sie – anders als in einer soliden Bank üblich – mit der Vergabe von Krediten und anderen Anlagegeschäften keine Gewinne, um die ihr anvertrauten Einlagen abzusichern. Die Gründe für dieses Vorgehen benannte Adele in ihren Erinnerungen wie folgt: »Es dürfte für den Leser nicht uninteressant sein, zu erfahren, welcher Art meine Unternehmungen und Projekte denn eigentlich gewesen sein mögen, und ich will mich daher darüber etwas verbreiten. Unternehmungen, wie sie meinem riesenhaften Kredite angemessen gewesen wären, und wie man von mir auch erwartet haben wird, konnte ich eigentlich gar nie so recht ins Werk setzen, weil mich die immerwährenden Aufhetzereien und Verdächtigungen der mir feindlich gesinnten Presse sowohl als auch die üblen Nachreden meiner sonstigen Feinde und Neider dazu zwangen, kolossale Kapitalien tot liegen zu lassen, um eventuell meine aufgebrachten Gläubiger, wenn sie scharenweise um ihr Geld angerückt kamen, sofort befriedigen zu können.« Adele Spitzder besaß freilich kein eigenes Kapital, sondern lebte mit ihrer Freundin, mit ihrem Haushalt und ihren Angestellten von den ihr zugebrachten Geldern.

Trotzdem hatte Adele einiges mit den geliehenen Geldern erworben. Bereits 1869, zu Beginn ihres Geldgeschäftes, erwarb sie für 2700 Gulden ein Gut in Oberföhring, ließ das Gutshaus renovieren, kaufte noch Land hinzu, um dort eine kleine Ökonomie zu betreiben. Bald jedoch veräußerte sie das Gut mit Gewinn zum Preis von 9000 Gulden. Nördlich von Regensburg hatte sie Interesse am Gut »Laub« des Kaufmanns Sonnenstein zu einem Preis von 22 000 Gulden. Ihr Angestellter Silchinger besichtigte das Objekt und beschrieb ihr das Gut als groß mit vielen Äckern und Waldungen. Adele kamen jedoch wenig später Bedenken und sie machte den Kauf rückgängig gegen Bezahlung einer Entschädigung. In Wolfratshausen fiel ihr das Gut »zum Gypsbauern« zu, das ihr als Sicherheit für einen Kredit verpfändet worden war.

In der eleganten Münchner Maximilianstraße erwarb sie für 64 000 Gulden von einer Frau Rusch ein Haus, das sie später an den Kaufmann Max Schulze für 74 000 Gulden veräußerte. Zu Adeles Immobilien in München zählten auch: ein Wohnhaus mit Hintergebäude in der Hildegardstraße für 36 000 Gulden; das Haus in der Schönfeldstraße 8, das an ihr Wohn- und Geschäftshaus angrenzte, sowie das gegenüberliegende Gasthaus »Wilhelm Tell«, das sie an den Wirt Merkenthaler verpachtete; Mitte 1872 kam noch das Gebäude an der Schönfeldstraße 18 dazu, in dem eine Bäckerei betrieben wurde.

Adeles Immobilienportfolio umfasste außerdem die Häuser Königinstraße Nr. 2 und 3 sowie das Anwesen Königinstraße Nr. 5 des verstorbenen Privatiers Cohn für einen Preis von 43 000 Gulden, mit Wohnhaus, Stallung, Remise, Kutscherwohnung, Gewächshaus und Sommerhäuschen samt Blumengarten mit Springbrunnen. Ein »prachtvoller als Badezimmer dienender Marmorsalon im Rückgebäude« ergänzte das luxuriöse Anwesen. Zudem erhielt Adele noch das feudale Inventar, einschließlich eines orientalisch ausgestatteten Gemaches mit Leoparden- und Tigerfellen, Wasserpfeifen, Teppichen und »türkischen Portieren« um 6000 Gulden.

Hierhin wollte die Spitzeder in München nun ihre Privatwohnung verlegen, was allerdings ihre damalige Freundin Rosa Ehinger vereitelte, die nicht im Haus eines Mannes leben wollte, der »sich darin entleibt« hatte. So empfing Adele im prächtigen Cohn-Haus »Leute von Distinktion«, die Diskretion in Geldangelegenheiten und ein adäquates Ambiente schätzten.

Außerdem besaß sie noch ein zweistöckiges Wohnhaus in der Von-der-Tann-Straße mit zwei Nebengebäuden, Hofraum

Währung in Deutschland und Bayern 1871/73
Mit dem Reichsgesetz vom 4. Dezember 1871 und dem Münzgesetz vom Juni 1873 wurde der süddeutsche Gulden auf die Mark zu 100 Pfennig umgestellt. Der bayerische Gulden (fl.) war damit umzurechnen in 1 Mark = 0,62 fl. bzw. 1 fl. = 1,7143 Mark.
Die Münchner Münze prägte nun Markmünzen mit dem Reichswappen auf der einen Seite und dem Bildnis des bayerischen Königs auf der anderen.
Zur Zeit der »Dachauer Bank« galt jedoch in Bayern noch der Gulden (fl.).
(Quelle: Wolfgang Zorn, in: Handbuch der bayerischen Geschichte, Bd. 4/II, S. 808.)

und Stallung im Wert von 63 000 Gulden; sie ließ alles renovieren und verpachtete »die darin befindliche Wirtschaft zum ›Frühlingsgarten‹ an einen Herrn Krämer«.

In der Reichenbachstraße kamen in ihren Besitz ein dreistöckiges Mietshaus mit Mansarde, Hof, Waschhaus und einem Ladengeschäft für 40 000 Gulden vom Uhrmacher Schinabeck und ergänzend das zweistöckige Haus samt Hofraum in der Amalienstraße Nr. 50 für 50 000 Gulden, in dessen Erdgeschoss sich ein Lokal befand. An der Landsberger Straße Nr. 27 rundete ein Wohnhaus samt Hinterhaus, Nebengebäuden und Garten im Preis von 10 000 Gulden den Immobilienbesitz der Spitzeder ab.

VILLA ROSA

Am Starnberger See in Feldafing besaß Adele die Villa Siedhoff an der Seestraße 16, die 1870 von Johann Baptist Biersack erbaut worden war. Die Villa umgab ein parkartiger Garten. Das zweigeschossige spätklassizistische Gebäude und die Parkanlage stehen heute unter Denkmalschutz. Von Adele erhielt das Anwesen den Namen »Villa Rosa«, eventuell benannt nach ihrer neuen Freundin Rosa Ehinger, wenn sie selbst auch die »Nachbarschaft der Roseninsel« für die Namensgebung bemühte.

Die »Villa Rosa« in Feldafing am Starnberger See, die Adele Spitzeder erwarb und an zahlungskräftige Personen vermietete.

Nach der Trennung Adeles von ihrer Freundin Emilie hatte sie per Zeitungsanzeige eine neue »Gesellschafterin« gesucht. Zunächst stellte sie eine Französin an, der sie jedoch schon nach ein paar Wochen wieder kündigte. Dann fand sie an ihrer jungen, erst 20-jährigen Nachbarin Rosa Ehinger Gefallen. Diese wollte Schauspielerin werden, und Adele gab ihr anfangs einige Unterrichtsstunden. Rosa zog jedoch bald bei dem inzwischen 40-jährigen »Frl. Spitzeder« ein und übernahm die Aufgabe einer Gesellschafterin. Adele verliebte sich wohl in die junge Schönheit, denn schon bald beschenkte sie diese mit Schmuck und Geld.

Die »Villa Rosa« am Starnberger See hatte Adele für 33 000 Gulden und das Inventar um eine zusätzliche hohe Summe erworben. Das Anwesen besaß »prachtvolle Zimmer zu ebener Erde« und im ersten Stockwerk eine Veranda. Der repräsentative Wohnsitz wurde an zahlungskräftige Interessenten vermietet, beispielsweise für 2000 Gulden einen Sommer lang an Fürstin Helene von Thurn und Taxis, geborene Herzogin in Bayern, die ältere Schwester der Kaiserin Elisabeth (Sisi) von Österreich.

WERTSACHEN UND ZEITUNGEN

Neben großen Häusern und einer prächtigen Villa legte sich Adele auch Schmuckstücke zu. Sie selbst meinte später dazu: »Sehr viel Geschrei haben auch meine Brillanten verursacht und doch habe ich dieselben nie gekauft, um meine Person damit zu schmücken, sondern ich erwarb und betrachtete sie als wertvolle Gegenstände, die ich mit entsprechendem Gewinn für bar bei größeren Wechselbeträgen an Kavaliere abzusetzen gedachte.« Sie hielt ihre Brillanten in einer Kassette wohl verschlossen und führte später auf: ein Brillantkreuz im Wert von 12 000 Gulden sowie Ohrringe, Brosche und Knöpfe; einen Anker mit Rosetten; zwei Ringe mit Solitär-Brillanten zu je 5000 Gulden und andere Ringe mit Saphiren, Smaragden, Rubinen und Brillanten; ein Medaillon, besetzt mit Brillanten, für 3000 Gulden; eine Brillant-Uhr mit einem Smaragd-Schlüssel, 2000 Gulden wert; eine weitere Uhr, mit Perlen besetzt, für 800 Gulden und eine englische Uhr um 150 Gulden. Außerdem besaß Adele »ziemlich wertvolle Musikkästen« zu ihrer Zerstreuung sowie einen Wiener Flügel, den sie jedoch schon bald veräußerte.

Auch hatte Adele »mehrere Lebensversicherungen« abgeschlossen und sich bei der Kölner »Concordia« mit 32 000 Gulden versichern lassen. Beim Notar Dettenhofer war, nach ihren Worten, ein Testament zugunsten all ihrer Gläubiger hinterlegt worden. Allerdings gab nach Adeles Ableben der Nachfolger des Notars dem Amtsgericht bekannt, dass ein Testament vom 19. Juli 1871 mit einem Nachtrag vom 18. November vorliege, in dem als Erbin Betty Vio, Adeles Mutter, genannt werde.

Auf einem völlig anderen Gebiet hatte sich die Bankinhaberin ebenfalls eingekauft, nämlich im Medienbereich. Sie besaß nach eigenen Angaben verschiedene Zeitungen: »Da war einmal der ›Süddeutsche Telegraph‹, ein liberales Blatt, dessen Redakteur Herr Kellerbauer bei mir ein Darlehen nahm, das er nicht zurückerstattete, wofür er mir aber die Eigentumsrechte des Blattes übertrug.« Später stellte sich wohl heraus, dass die Zeitung Kellerbauer gar nicht gehörte und dieser dann auf Nimmerwiedersehen verschwand. Auch der ihr teilweise gehörende »Volksbote« des Dr. Zandter brachte Adele keinen Gewinn ein, desgleichen das »Extrablatt« von Julius Marchner.

Nunmehr gründete sie einen eigenen Zeitungsverlag und gab das »Münchner Tagblatt« heraus, das innerhalb von vier Wochen bereits 1500 Abonnenten hatte. Diese lasen in »ihren« Zeitungen das Loblied der Adele Spitzeder, wohingegen die von der »Bank-Madame« unabhängigen »Münchner Neuesten Nachrichten« und der »Bayerische Landbote« nicht aufhörten, vor ihrem Geschäftsgebaren zu warnen.

Den Kauf einer eigenen Druckerei konnte Adele nicht verwirklichen. Ihr unsteter Geist befasste sich jedoch bis zuletzt mit neuen Vorhaben.

PLÄNE UND PROJEKTE

Noch im Jahr 1872 hatte Adele mit dem Erwerb der Westendhalle in der Münchner Sonnenstraße um 93 000 Gulden große Pläne. Es handelte sich um ein geräumiges Lokal, von einem weitläufigen Garten umgeben. Hier fanden sonntägliche Tanzveranstaltungen statt und im Fasching große Maskenbälle. Nun wollte Adele ein Theater zur Unterhaltung mit Operetten, Ballett-Abenden, Schau- und Lustspielen sowie einem Restaurant eröffnen, ein sogenanntes »Vaudevilletheater«, ein Tempel der leichten Muse. Sie hatte durch ihre Mittelsmänner – Ferdinand Fränkel, Lokaljournalist und Volksschriftsteller, sowie Hofschauspieler Max Hofpauer – bereits Kontakte nach Wien geknüpft, um geeignete Kräfte zu engagieren; außerdem wollte sie selbst einmal die Woche als Schauspielerin in der Westendhalle auftreten. Am 6. Januar 1873 sollte die Eröffnung stattfinden – allein, es kam nicht mehr dazu!

Auch andere Projekte konnte Adele Spitzeder nicht mehr verwirklichen, wie in der Au eine Brotfabrik samt Brothalle und Weinhandlung mit Waren zu günstigen Preisen für das Volk; eine Pferdebahn, die München mit Nymphenburg verbinden sollte; auch sollte eine Brauerei gegründet werden;

zudem fasste sie den Erwerb des Staatsgutes Schleißheim mit seinen Waldungen ins Auge. Nach dem Vorbild der Augsburger Fuggerei dachte Adele an den Bau von Arbeiterwohnungen auf einem Grundstück an der Nymphenburger Straße, das bereits in ihrem Besitz war. Aus all diesen Plänen und Projekten wurde nichts, da die »Dachauer Bank« vorher zusammenbrach.

*»Eigennutz und Habsucht, Neid und Geiz
war mir stets in der Seele zuwider
und wo ich helfen konnte, da half ich stets.«*

6 Adele wirkt wohltätig

DIE »MÜNCHNER VOLKSKÜCHE«

»Zwei Häuser (Nr. 4 am Platzel und Nr. 4 an der Falkenturmgasse) einschließlich des Wirtschaftsinventars und der Bräu- und Taverngerechtsame erwarb ich käuflich vom Metzgermeister Gillitzer um die Summe von 92 000 Gulden und leistete ich hierbei eine Anzahlung von 22 000 Gulden«, schrieb Adele sich erinnernd und fuhr fort: »das Haus Nr. 4 am Platzel hatte Nebengebäude und Hofraum, das Anwesen Nr. 4 an der Falkenturmgasse war nur Wohnhaus. Diese zwei vierstöckigen Häuser (...) kaufte ich, um die Volksküche darin einzurichten.« Sie ließ die Gebäude am Platzl, wie es heute heißt, renovieren, den Hof und den Bürgersteig davor pflastern und die Küche mit einem neuen Herd für 1500 Gulden ausstatten. An der Fassade prangte ein Schild mit der Aufschrift »Münchner Volksküche von A. Spitzeder«.

In diesem Gasthaus für das Volk gab es zwei Speiseabteilungen: Im Erdgeschoss wurden für »die gewöhnliche Volksklasse« Suppe, Fleisch und Gemüse mit Brot für 10 Kreuzer gereicht und im ersten Stockwerk für »die feinere Klasse« Suppe, Braten, Salat und Brot für 13 Kreuzer. Das Bier kostete in der Volksküche einen halben Kreuzer weniger als in den anderen Münchner Wirtshäusern und wurde von der Leist-Brauerei, die 1861 die Franziskaner-Brauerei übernahm und in der Au beheimatet war, geliefert.

Die Hausschlachtung für die Volksküche führte ein eigens angestellter Metzger mit zwei Gehilfen durch, und die benötigten Backwaren wurden bei der verpachteten Bäckerei aus der Schönfeldstraße bezogen. Die Volksküche öffnete bereits morgens um 6 Uhr mit Kaffee und Brennsuppe zu einem mäßigen Preis, ab 11 Uhr konnte das Mittagessen eingenommen

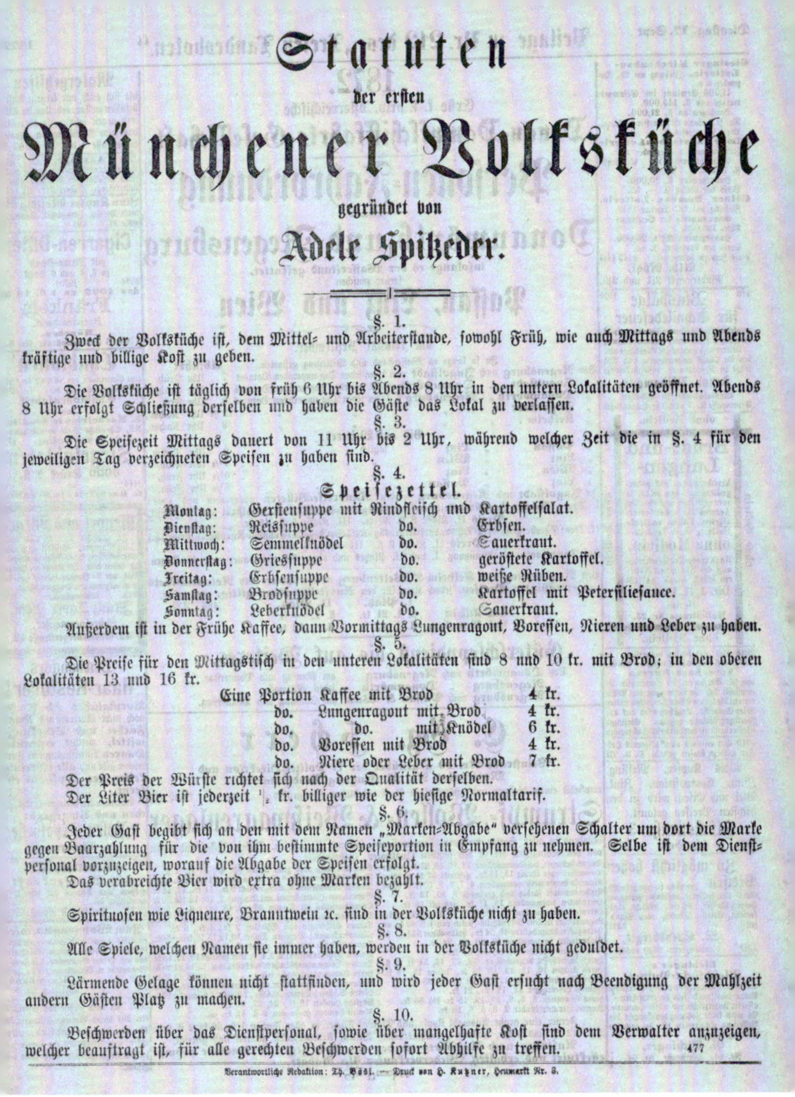

Statuten

der ersten

Münchener Volksküche

gegründet von

Adele Spitzeder.

§. 1.

Zweck der Volksküche ist, dem Mittel- und Arbeiterstande, sowohl Früh, wie auch Mittags und Abends kräftige und billige Kost zu geben.

§. 2.

Die Volksküche ist täglich von früh 6 Uhr bis Abends 8 Uhr in den untern Lokalitäten geöffnet. Abends 8 Uhr erfolgt Schließung derselben und haben die Gäste das Lokal zu verlassen.

§. 3.

Die Speisezeit Mittags dauert von 11 Uhr bis 2 Uhr, während welcher Zeit die in §. 4 für den jeweiligen Tag verzeichneten Speisen zu haben sind.

§. 4.

Speisezettel.

Montag:	Gerstensuppe mit Rindfleisch und Kartoffelsalat.		
Dienstag:	Reissuppe	do.	Erbsen.
Mittwoch:	Semmelknödel	do.	Sauerkraut.
Donnerstag:	Griessuppe	do.	geröstete Kartoffel.
Freitag:	Erbsensuppe	do.	weiße Rüben.
Samstag:	Brodsuppe	do.	Kartoffel mit Petersiliesauce.
Sonntag:	Leberknödel	do.	Sauerkraut.

Außerdem ist in der Frühe Kaffee, dann Vormittags Lungenragout, Voressen, Nieren und Leber zu haben.

§. 5.

Die Preise für den Mittagstisch in den unteren Lokalitäten sind 8 und 10 kr. mit Brod; in den oberen Lokalitäten 13 und 16 kr.

Eine Portion	Kaffee mit Brod	4 kr.
do.	Lungenragout mit Brod	4 kr.
do.	do. mit Knödel	6 kr.
do.	Voressen mit Brod	4 kr.
do.	Niere oder Leber mit Brod	7 kr.

Der Preis der Würste richtet sich nach der Qualität derselben.
Der Liter Bier ist jederzeit ½ kr. billiger wie der hiesige Normaltarif.

§. 6.

Jeder Gast begibt sich an den mit dem Namen „Marken-Abgabe" versehenen Schalter um dort die Marke gegen Baarzahlung für die von ihm bestimmte Speiseportion in Empfang zu nehmen. Selbe ist dem Dienstpersonal vorzuzeigen, worauf die Abgabe der Speisen erfolgt.
Das verabreichte Bier wird extra ohne Marken bezahlt.

§. 7.

Spirituosen wie Liqueure, Branntwein ꝛc. sind in der Volksküche nicht zu haben.

§. 8.

Alle Spiele, welchen Namen sie immer haben, werden in der Volksküche nicht geduldet.

§. 9.

Lärmende Gelage können nicht stattfinden, und wird jeder Gast ersucht nach Beendigung der Mahlzeit andern Gästen Platz zu machen.

§. 10.

Beschwerden über das Dienstpersonal, sowie über mangelhafte Kost sind dem Verwalter anzuzeigen, welcher beauftragt ist, für alle gerechten Beschwerden sofort Abhilfe zu treffen. 477

Verantwortliche Redaktion: Th. Bösl. — Druck von H. Kutzner, Heumarkt Nr. 3.

Erstes Blatt der Statuten der »ersten Münchener Volksküche«, die Adele Spitzeder 1872 eröffnete.

werden und um 18.00 Uhr gab es das sogenannte »Voressen« mit Lunge, Grös, also Innereien, sowie Würsten samt Brot und Bier. Um 20.00 Uhr schloss die Volksküche ihre Pforten. Essen und Trinken wurden dort mit Marken bezahlt, die am Eingang an der Kasse erworben werden konnten. Im Obergeschoss befanden sich noch zwei Gesellschaftsräume, die jeweils an die Offiziersgesellschaft »Omnibus« bzw. an die Hofmusiker vermietet waren.

Die Volksküche erfreute sich eines gewaltigen Zuspruchs, so dass beispielsweise zur Oktoberfestzeit »nicht weniger als drei Ochsen nebst vielen Kälbern geschlachtet und einmal in einer einzige Stunde nicht weniger als 2000 Knödel verzehrt wurden.« Um das Lokal zu betreiben, benötigte Adele natürlich Personal: einen Direktor, einen Buchhalter, einen Kassier, einen Metzger mit zwei Gehilfen, zwei Köchinnen, vier Spülerinnen, einen Bierausschenker, einen Kellner und eine Kellnerin sowie drei »Aufseher zur Aufrechterhaltung der Ordnung«.

Am 25. September 1872 öffnete die »Münchner Volksküche« ihre Türen. Adele Spitzeder kam um 11 Uhr angefahren und wurde von einer gewaltigen Menschenmenge überrascht, die sich zu ihrer Begrüßung eingefunden hatte. Hochrufe erschallten, weißgekleidete Mädchen überreichten ihr Blumen, Lobesreden wurden auf sie gehalten. Von Blumen und Kränzen wurde Adele »förmlich überschüttet«, und nur mit Mühe konnte sie in die Volksküche gelangen. Angeforderte Polizei sorgte einigermaßen für Ordnung in dem fürchterlichen Gedränge.

Adele knüpfte mit ihrer »Volksküche« an die Tradition der Armenspeisung durch die Suppenküchen an. Allerdings sollte ihre Volksküche, laut den Statuten, dem Arbeiter- und Mittelstand dreimal am Tag eine kräftige und preiswerte Kost bieten. Also weg von der Verteilung der Rumford-Suppe für Arme! Denn die »Münchner Volksküche« servierte als Mittagessen in der preiswerten Kategorie für jeweils 10 Kreuzer am Montag Gerstensuppe mit Rindfleisch und Kartoffelsalat, am Dienstag Reissuppe mit Erbsen, am Mittwoch Semmelknödel mit Sauerkraut, am Donnerstag Grießsuppe mit gerösteten Kartoffeln, am Freitag Erbsensuppe mit weißen Rüben, am Samstag Brotsuppe mit Kartoffeln und Petersiliensoße und am Sonntag

Volks- und Suppenküchen

»Volksküchen, auch Suppenküchen oder Suppenanstalten genannt, gab es spätestens im 18. Jahrhundert in vielen Großstädten Europas. Schon die Oeconomische Encyclopädie von Krünitz aus den Jahren 1772 bis 1858 nennt München ausdrücklich als Standort von Suppenanstalten, neben Berlin, Wien, Paris und London. Besondere Bekanntheit erlangte die sogenannte Rumford-Suppe, benannt nach dem bayerischen Offizier Benjamin Thompson, Reichsgraf von Rumford, der im Jahre 1795 Graupen und Erbsen über Stunden im Wasser kochen ließ und damit Bettler und Obdachlose im Militärischen Arbeitshaus in der Münchner Au versorgte.«

(Quelle: Julian Nebel, Adele Spitzeder, München 2017, S. 90.)

Leberknödel mit Sauerkraut. Frühstücken konnte man für vier Kreuzer mit Kaffee und Brot, für den Imbiss am Vormittag musste man sechs bzw. sieben Kreuzer für Lungenragout mit Brot oder Nieren und Leber ausgeben, und am Abend gab es für vier Kreuzer das sogenannte Voressen mit Lunge, Innereien, Würsten, Brot und Bier. Die Löhne der einfachen Leute waren damals gering. So erhielt ein Metzgergehilfe 3 Gulden 20 Kreuzer in der Woche, ein Maurer 2 Gulden täglich, ein Landarbeiter 55 Kreuzer täglich und eine Arbeiterin 37 Kreuzer am Tag, wobei 60 Kreuzer gleich 1 Gulden waren.

Die »Münchner Volksküche« erlebte einen fleißigen Zuspruch. Vor allem der günstige Bierpreis zog die Gäste an. »Die Volksküche selbst rentierte sich sehr gut durch den ungeheuren Bierkonsum«, notierte Adele realistisch. Wegen des großen Erfolgs projektierte sie für den Januar 1873 eine »Weinhandlung nebst Weinvolksküche mit kalten Speisen«, was jedoch nicht mehr zur Ausführung kam.

Die Kritiker der Spitzeder sahen allerdings in Adeles Volksküche kein barmherziges Werk, sondern eine zielgerichtete Propaganda zur Stilisierung ihrer Person als große Wohltäterin und zur Förderung ihres Bankgeschäftes. Der Schwur-

Diese Karikatur von 1872 macht sich über die »Münchner Volksküche« der Bankinhaberin Adele Spitzeder lustig und meint süffisant: »Mit Speck fängt man Mäuse«, d. h. hier steht nicht das caritative Werk im Vordergrund, sondern die Werbung für das Geldinstitut.

gerichtsbericht bemerkte diesbezüglich: »Auch sorgte sie dafür (...) durch Gründung einer Volksküche, in welcher Speisen und Getränke zu außergewöhnlich billigen Preisen abgegeben wurden und an deren Wänden Devisen angebracht waren, wie: ›aus dem Volk und durch das Volk‹, den Nymbus einer Wohltäterin des Volkes (...) noch zu erhöhen.« Sie gerierte sich als »Beschützerin der arbeitenden Classen«; »ihre Freigebigkeit sowie ihre Uneigennützigkeit ihres Bankgeschäftes« sollte sich in diesen Taten für das Volk erweisen. Unter dem Motto »Mit Speck fängt man Mäuse« machte sich nicht nur ein Zeitgenosse – siehe Karikatur oben – seine eigenen Gedanken dazu.

ANDERE »HUMANITÄTSWERKE«

Die Spitzeder verstand es, die einfachen Menschen an sich zu binden, beispielsweise durch Patenschaften. Der Staatsanwalt bemerkte später dazu: »Auch war sie darauf bedacht, den Kreis ihrer Anhänger durch Uebernahme zahlloser Gevatterschaften und Spendung von reichen Pathengeschenken bei Taufen und Firmungen zu erweitern. So stand sie von Ende des Jahres 1869 bis zu Ende Oktober 1872 in dieser Stadt allein nicht weniger als 64 mal zu Gevatter.«

Adele sah sich selbst als »eine äußerst generöse Natur«, ohne jedweden Nebengedanken. Bereits in den Anfangszeiten ihres Geldgeschäftes beschenkte sie Bedienstete zu Weihnachten mit Lebensmitteln und spendete anonym 50 Gulden an das Waisenhaus. Die Klosterschule in der Münchner Herzogspitalstraße erhielt monatlich 10 Gulden, desgleichen das »Kinderinstitut in Inzersdorf (wohl gemeint Indersdorf) bei Dachau«. Außerdem unterstützte sie »zehn wirklich bedürftige Familien« mit je 12 bis 15 Gulden pro Monat. Auch arme Studenten erhielten monatliche Zuwendungen. »Verwundete und krüppelhaft gewordenen Soldaten, welche sich zur Zeit des Deutsch-Französischen Krieges vielfach an mich wendeten, habe ich stets reichliche Unterstützungen zukommen lassen (...) Den verwundeten Soldaten in der Klinik sandte ich einmal 100 Flaschen Rotwein«, gab Adele in ihren Memoiren bekannt.

Die Spitzeder wollte bei ihren »Humanitätswerken« zumeist anonym bleiben und wünschte keine Lobeshymnen, die aber trotzdem im »Freien Landesboten«, oftmals sogar in Gedichtform, erschienen.

Adele mit ihrer »Dachauer Bank« half auch Geschäftsleuten und Landwirten, die von »Wucherern« bedrängt wurden und um ihre Existenz bangten, mit unverzinslichen Darlehen wieder auf die Beine. Zudem ließ sie in Giesing sämtliche Schulkinder einkleiden, machte Schauspielerinnen sowie Sängerinnen, die »in Dürftigkeit« geraten waren, Geldgeschenke, bezahlte einem armen Volkssänger die Überfahrt nach Amerika und verhalf jungen Anfängerinnen zur Schauspielausbildung.

Bayerische Soldaten 1870/71

Das Königreich Bayern mit der Pfalz, die an Frankreich grenzte, machte gemäß dem geheimen Schutz- und Trutzbündnis und der neu eingeführten Wehrpflicht mobil und stand an der Seite Preußens (mit Hessen und Württemberg) im Deutsch-Französischen Krieg von 1870/71. Bayern stellte 50 000 Infanteristen, 5 500 Kavalleristen, 192 Geschütze mit entsprechender Anzahl von Artilleristen. Im Verlauf des Krieges kam es zu verlustreichen Kämpfen auf beiden Seiten in Lothringen, im Elsass und bei der Belagerung von Paris. Viele Namen der umkämpften Städte – wie Metz, Sedan, Weißenburg, Gravelotte, Orleans, Paris – finden sich noch heute in den bayerischen Städten als Straßenbezeichnungen wieder.

Aus dem 1870/71er Krieg ging Deutschland siegreich und im Kaiserreich geeint hervor. Allerdings war der Blutzoll des Krieges hoch: Auf deutscher Seite gab es 43 000 tote Soldaten (entweder gefallen oder an Krankheit und Verwundung gestorben) und an die 100 000 Verwundete. Von den bayerischen Soldaten starben 6 000, über die Hälfte davon an Krankheiten. Zahlreiche Verwundete kehrten nach Bayern zurück, so dass Notspitäler eingerichtet werden mussten. Dafür wurden im ganzen Königreich Geld, Lebensmittel und Einrichtungsgegenstände gesammelt.

Auch Geistliche baten um Adeles Unterstützung für ihre Armen im Kirchsprengel oder für die Renovierung von Kirchen und Anschaffung von Glocken. Der Pfarrer von Mariahilf in der Au bat Adele um 1000 Gulden für wohltätige Zwecke, und Monsignore Kamreuther konnte sich über die Gabe von 10 000 Gulden für das Katholische Kasino freuen, woraufhin er begeistert ausrief: »Vertrauet zuerst auf Gott und dann auf Adele!«

Vermittelt von »Frau Rottheim sandte ich an arme Juden, für die sie sich als Glaubensgenossin verwendete, 100 Gulden.

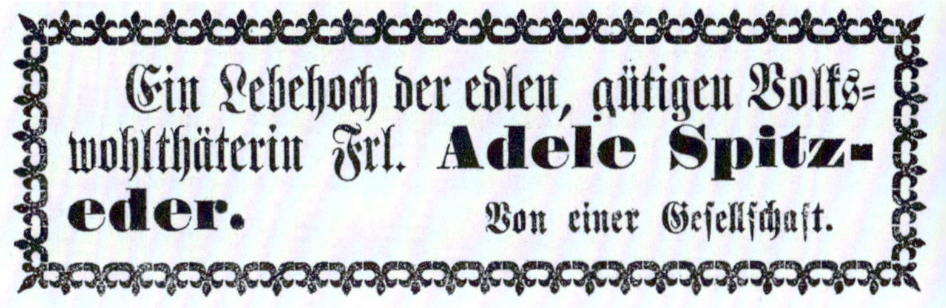

Ein Lebehoch der edlen, gütigen Volks=wohlthäterin Frl. **Adele Spitzeder.**

Von einer Gesellschaft.

Unterstützer der »Dachauer Bank« ließen Adele Spitzeder in anonymen Zeitungsannoncen hochleben.

Ebenso unterstützte ich lange Zeit hindurch einen armen Israeliten, welcher hiedurch nicht wenig beschämt wurde, da er früher einer meiner erbittertsten Feinde gewesen war und ich ihm nun seine Feindschaft mit Wohltaten vergalt«, brüstete sich Adele in ihren Erinnerungen.

Auf diese und ähnliche Weise wähnte sie sich äußerst wohltätig, wenn auch die verschenkten Beträge zum einen in keinem Verhältnis zum riesigen Umfang ihrer Geldgeschäfte standen und das Geld zum anderen nicht ihres war, sondern das ihrer »Anlegerinnen« und »Anleger«. Ihre Mutter soll schon frühzeitig wegen der Freigiebigkeit ihrer Tochter gemahnt haben: »Ein gutes Herz hat meine Adelheid, sie hat nur den einen Fehler, daß sie kein Geld in der Tasche behalten kann.«

»Vor dem Hause angelangt, wurde ich von mehreren Männern aus dem Wagen gehoben und unterm Eingangstor waren 300–400 Menschen im Sonntagsstaat versammelt, darunter weißgekleidete Kinder mit Blumen und Kränzen, um mich zu empfangen. (Es) ertönte ein allgemeines ›Vivat hoch!‹ und alles drängte sich nun an mich heran, um mir die Hand zu drücken. Ich war tief ergriffen (...).«

7 Adele lebt gut und wird verehrt

PRIVATLEBEN UND GESUNDHEIT

Von Anfang an führte Adele Spitzeder keine geordnete Hauswirtschaft. Als sie noch im »Deutschen Haus« logierte, ließ sie sich die Mahlzeiten aus der Küche des Gasthofes kommen und gab nach ihren eigenen Worten keine »großen Diners oder Soupers«, sondern empfing nur wenige Gäste. Das waren damals Rechtskonzipient Ludwig Kolb, Polizeioffiziant Weißbart mit Frau sowie zwei Sängerinnen des Hoftheaters. Erst in ihrem Haus in der Schönfeldstraße stellte Adele eine Köchin und andere Bedienstete ein, so dass auch größere Einladungen stattfinden konnten. Beispielsweise fungierte Adele im Mai 1871 persönlich (häufig ließ sie sich dabei vertreten) als Firmpatin in der Auer Kirche. Für ihre Firmlinge gab sie dann in ihrem Haus »an zwei langen Tischen« ein Festmahl, wie es Sitte war.

Eine »luxuriöse Küche« führte die Spitzeder nach eigener Einschätzung jedoch nicht: »Meine Unterbediensteten bekamen sehr einfachen Mittagstisch, Suppe, Rindfleisch und Beilage, dazu eine Maß Bier und zum zweiten Frühstück etwas Wurst und Brot, nebst wohlfeilem Tischwein, welcher später auf Verlangen der Leute durch eine Maß Bier ersetzt wurde.« Ihre Unterbediensteten aßen später zu 18 Kreuzer pro Person im Gasthaus »Wilhelm Tell« gegenüber, nachdem die Arbeit ihrer Köchin Wally Brauneis zu viel wurde. Im Hause speisten deshalb nur mehr die Oberbediensteten täglich im Esszimmer, das sehr einfach eingerichtet war, im »roten Zimmer« Kontrolleur Molitor, Conzipient Gustav Kolb und Julius Marchner,

»während ich und meine Gesellschafterin im Schlafzimmer dinierten.« Zum Abendessen empfing Adele wiederholt »die Räthin Kummerer«, Familie Ehinger, Betty Winter sowie die Herren Fränkel, Zandter, Kolb und Schamberger. Am Wochenende war oftmals ihr Bruder bei Adele, zudem die Herren Fränkel, Kolb und Homolatsch. Ihre Gäste kamen alle aus ihrer engeren Umgebung, wie Verwandte, Freundinnen, Mieterinnen, Schauspielerinnen, ihr verbundene Journalisten und »Schmarotzer«. Hie und da lud sie auch zu Abenden mit Musik der Kapelle Hager oder mit Darbietungen der Volkssänger Welsch und Schmidt die Hofschauspielerin Ramlo, Frau Ballogh, Frau Rathei, Direktor Lang aus Danzig sowie die Hofschauspieler Hofpauer und Ottomaier ein. Mit dieser Aufzählung ihres Freundes- und Bekanntenkreises trat Adele in ihren Memoiren dem späteren Vorwurf entgegen, sie habe ihre Geldanleger freigehalten oder »großartige Gastereien und sogenannte Orgien« veranstaltet. Auch sei bei ihr der Champagner nicht »in Strömen« geflossen, sondern sei nur »bei besonderen Festlichkeiten gereicht« worden. Ansonsten habe man an Sonntagen »moussierenden Rheinwein« getrunken. Zu einem Namenstag schrieb Literat und Journalist Fränkel für Adele ein huldigendes Gedicht, das jedoch nicht unbedingt ihren – selbst postuliert – bescheidenen Lebensstil betont:

»Du hast Diamanten und Perlen,
Von schmeichelnden Freunden ein Heer,
Ein neues Röschen zu pflücken –
Adele! was willst Du noch mehr?

Du hast Hypotheken und Häuser
Und fährst in Carossen einher,
Credit und Vertrauen wächst immer,
Adele! was willst Du noch mehr?

Hast Du Dein gutes Gewissen,
Ist dein Kopf von Sorgen auch leer,
Und kannst Du immer ruhig schlafen,
Adele! dann will ja nicht mehr!«

Von ihrer Mutter Betty erhielt sie »sehr häufig« Besuch, nachdem die Unstimmigkeiten wegen der Gerüchte um die Geldgeschäfte ihrer Tochter beigelegt waren. Offenbar rügte Betty das Verhalten ihrer Tochter mit den Worten: »Ich habe dich ehrlich erzogen und du hattest von jeher ein ehrliches aufrechtes Gemüt und wirst deshalb nie eine unehrliche Handlung zu begehen im Stande sein.« Adele empfand das Benehmen ihrer Mutter ihr gegenüber oft als »hart«, dennoch war sie während der Weihnachts- und Neujahrsabende stets bei ihr und besuchte sie auch häufig in Starnberg, wo diese die Sommermonate verbrachte. Dorthin fuhr Adele mit der Bahn, ansonsten sorgten für ihre Mobilität zwei Pferde und ein Landauer mit Kutscher, den sie in »eine einfache elegante Livree« kleidete.

Das Haus an der Schönfeldstraße beherbergte neben den Geschäftsräumen der »Dachauer Bank« in jedem Stockwerk zwei Wohnungen. In der ersten Etage befanden sich Adeles Privatwohnung, und die Räume gegenüber hatte sie an General Bösenegger vermietet. Im zweiten Geschoss wohnten »Frau Generalin Manz« und gegenüber Buchhändler Oldenburg, in dessen Wohnung später Familie Ehinger einzog.

Die Einrichtung ihrer Privatwohnung schilderte Adele sehr genau: Sie umfasste einen Salon, Schreib-, Schlaf-, Speisezimmer, ferner das sogenannte rote bzw. Konferenzzimmer und das Zimmer ihrer Gesellschafterin. »Mein Salon«, so erinnerte sie sich später, »war mit roter Samttapete ausstaffiert, die Möbel hatten gelbe Damastüberzüge. Ein Marmortisch mit hohem Spiegel in Goldrahmen, darüber ein schöner Kronleuchter (sowie) ein Harmonium, ein Sofatisch mit schönem Teppich davor, zwei Fauteuils und sechs Stühle, ferner ein Musiktisch, 24 Stücke spielend, (bereicherten das Mobiliar). Späterhin erhielt ich noch Blumentische zum Geschenk, welche ich an den Fenstern plazierte. Über dem Sofa hing ein großes Ölgemälde von einem berühmten Maler, ›der Pfaffe und die Weinprobe‹ und ›ein Mädchen mit der Photographie des Geliebten in der Hand‹ vorstellend, von einem gewissen Schwab (…) Außer diesen waren noch einige andere weniger wertvolle Bilder plaziert, neben den Salon grenzte mein mit einfachen Ledermöbeln ausgestattetes Schreibzimmer an, und hier waren auf dem Schreibtische viele mir von Wallfahrern herrührende Geschenke aufgestapelt (...) Ferner lagen außer einem Geschenke des Herrn Rath Kummerer, einem Briefbeschwerer ›Petrus auf dem Stuhl‹ darstellend, folgende Bücher: das deutsche Reichsstrafgesetzbuch, der bayerische Zivilprozeß, das Handels-, das Wechselstempelgesetz, das Preßgesetz und ein Fremdwörterbuch. Im selben Zimmer stand noch ein schöner Bibliothekskasten (...) und darin waren sämtliche Klassiker in allen modernen Sprachen, nebst spanischen, holländischen und dänischen Grammatiken vertreten. Ferner befanden sich darin noch mehrere Arbeiten aus meiner Jugendzeit, Übersetzungen aus fremden Sprachen (...), sodann silberne Bestecke und sonstige Kleinigkeiten.« Blumenbouquets, die Adele verehrt worden waren, teure Bilder an den Wänden, Marmortisch und Hängelampe sowie ein Haussegen vervollständigten Adeles Arbeitszimmer.

Das angrenzende Zimmer, das später ihre Gesellschafterin bzw. Freundin bewohnte, war mit einer Ledersitzgarnitur, mit einem Piano, einem Spiegeltisch, einer Kommode mit Marmorplatte, einem Spiegelschrank, einer Bibliothek, einer Nähmaschine und einem Bett möbliert. Das Zimmer schmückten eine Muttergottes und ein wertvolles Ölgemälde, das »eine Frau aus dem Mittelalter« darstellte.

In Adeles Schlafzimmer hingen über dem Bett ein Säbel, zwei Revolver und ein Dolch, Heiligenbilder und Kruzifix standen auf dem Nachttisch, ein Waschtisch, eine Kommode und ein Betschemel mit der Büste ihres Vaters sowie eine Nachtampel ergänzten die Einrichtung.

Das einfache Speisezimmer lag den Flur entlang auf der Gartenseite, daneben befanden sich die »sehr freundliche Küche mit vollständiger Kupfereinrichtung« sowie ein großer Wäscheschrank, und ein »Eiskasten« lag gegenüber dem kleinen Zimmer ihres Kammerdieners. Im Keller lagerten »Weine und Liköre von allen Sorten«. Die ganze Ausstattung der Spitzederschen Privatwohnung atmete großbürgerliche Wohlhabenheit.

Zu ihrem Wohnhaus gehörten noch eine Kegelbahn sowie ein weitläufiger Garten mit Bänken, Obstbäumen, Rasenflächen und einem »einfachen Sommerhäuschen«, in dem sich Adele an warmen Tagen gerne aufhielt, »mit einem ledernen lit de repos (= Ruhebett, Tagesbett) und einem Spiegel«. Eine weitere Laube durften ihre Mieter nutzen.

Unter Adeles Mietparteien befanden sich Mutter und Tochter Ehinger. Mit der Zeit entwickelte sich eine freundschaftliche Beziehung, vor allem zur jungen und hübschen Rosa, die Schauspielerin werden wollte. Adele unterstützte die junge Frau nach Kräften, besorgte ihr Ausbildung, Engagements und Claqueure, um Rosas Karriere zu fördern. Aber alle Anstrengungen, auch finanzieller Art, halfen nicht weiter. Schließlich wurde Rosa Adeles Gesellschafterin und Freundin. Da Adeles »leidender Zustand« eine Betreuung ganz in ihrer Nähe erforderte, wurde Rosas Bett in Adeles Schlafzimmer verbracht. Auch mit Adeles drei Hunden wurden die Betten geteilt, zwei schliefen bei Rosa, und Daisi, Adeles Lieblingshund, bei ihr selbst.

Mit Adeles Gesundheit stand es bereits seit einiger Zeit nicht zum Besten. Wegen ihres Leidens, das sich rückblickend nicht genau definieren lässt, schlug der Arzt vor, eine Kur zu machen. Adele konnte sich aber nicht dazu durchringen und besuchte Kreuth nur kurz mit einer Übernachtung. Trotzdem war ihre Anwesenheit von vielen Kurgästen bemerkt worden, zumal die »Badkapelle« ihr ein Ständchen gab und die versammelte Menschenmenge sie hochleben ließ, was den anwesenden Herren – dem Justizminister mit einigen Kollegen – sehr missfiel.

Ein anderes Mal konsultierte sie die damals berühmte »Doktorbäuerin« Hohenester im Heilbad Mariabrunn. Adele schilderte die Begegnung dieser zwei schillernden Persönlichkeiten so: »Ich wurde (...) in einem kleinen primitiv aussehenden Gemach allein gelassen, dessen Wände von vielen Dankadressen und Dankgedichten aus allen Gegenden der Welt geziert waren. Plötzlich hörte ich das Rauschen einer seidenen Robe, und die Doktorbäuerin stand vor mir. Ich reichte

Doktorbäuerin Amalie Hohenester

Amalie Hohenester (1826–1878) wurde am 4. Oktober 1826 auf dem Heimerer-Anwesen zu Vaterstetten im Landgericht Ebersberg als zwölftes Kind des Heimererbauern Michael Nonnenmacher und seiner Frau Philippa geboren. Um 1850 verließ sie ohne Ausbildung ihre Familie, verdingte sich zunächst als Magd in einem Münchner Gasthof und reiste dann als Dienerin mit der Gräfin Sandizell durch die Lande. Im Mai 1856 wurde sie allerdings wegen Prostitution von der Frankfurter Polizei in ihr Heimatland Bayern abgeschoben. Wieder Zuhause erlernte sie von ihrer Mutter das Heilkräutersammeln und Medizinkochen sowie das Wetterbeschwören.

Zusammen mit ihrer Schwester Regine übte sie um 1859 in Deisenhofen den Naturheilberuf aus und wurde wegen »Medizinischer Pfuscherei« mehrmals bestraft, denn das gültige Gesetz verbot jegliche ärztliche oder heilberufliche Tätigkeit ohne entsprechende Vorbildung. Damit wurden vor allem die naturheilkundigen Frauen von allen medizinischen Behandlungen ausgeschlossen.

1861 heiratete Amalie Benedikt Hohenester, den Wagnerbauern von Deisenhofen. Nun begann Amalie, genannt die »Doktorbäuerin«, ihren erfolgreichen Weg als heilkundige Frau. Etwa 40 bis 60 Kranke erschienen täglich bei ihr zur Behandlung. Der ortsansässige Arzt beschwerte sich über die unliebsame Konkurrenz und Amalie wurde wiederum mit einer Geldstrafe belegt.

Das Ehepaar Hohenester verkaufte daraufhin den Bauernhof und erwarb das heruntergekommene Heilbad Mariabrunn im Dachauer Land. Dieses baute Amalie zu einem modernen Kurbetrieb mit Gast- und Landwirtschaft aus. Ein ungeheurer Aufstieg begann. Die zahlreichen Hilfesuchenden strömten aus Nah und Fern herbei – einfache Menschen aus der Umgebung ebenso wie Berühmtheiten des europäischen Adels. Auch die österreichische Kaiserin Elisabeth, genannt Sisi, soll bei der »Bründlfrau«, wie Amalie jetzt genannt wurde, Hilfe gesucht haben, und König Ludwig II. ließ sich gegen sein »Magenübel« einen Saft liefern.

Trotz der Einstellung eines Badearztes belangten die Behörden Amalie immer wieder. Einmal wurde auf Veranlassung der Ärzteschaft durch das Innenministerium der Kurbetrieb sogar für einige Zeit eingestellt, konnte jedoch nicht gänzlich verboten werden.

Amalie duzte alle Hilfesuchenden und verlangte strikte Einhaltung ihrer Verordnungen. Zeit ihres Lebens wurde sie von den einen als Wunderheilerin verehrt und von den anderen als Scharlatanin verunglimpft.

1878 starb sie und wurde auf dem Friedhof von Ampermoching begraben. Ihr Leben inspirierte Literaten und Filmemacher. 1974 wurde sie von Maria Schell in dem Film »Madame Hohenester« verkörpert, den das ZDF ausstrahlte.

(Quelle: Marita A. Panzer, Amalie Hohenester. Naturheilkundige und Kurbetriebsinhaberin, in: Panzer/Plößl, Bayerns Töchter, München 2015, S. 118–123.)

ihr die Hand mit den Worten: ›Grüß di Gott, Doktorbäuerin, i komm' auch einmal zu Dir‹, und sie erwiderte meinen Händedruck herzlich, indem sie sagte: ›Freut mi, hab' a scho viel von Dir gehört, bist krank? ‹ – ›Freili, scho seit längerer Zeit‹, war meine Antwort, und ich schilderte ihr darauf mein Leiden, wofür sie mir Medikamente versprach.«

Die beiden Frauen unterhielten sich auch über Adeles »Treiben« und ihre vielen Anfeindungen, worauf die Heilkundige ihr den Rat gab, sie solle sich nichts aus den Neidern machen, ihr selbst sei es ebenso ergangen, »doch jetzt kommen die höchsten Personen zu mir.« Adele besuchte die »Doktorbäuerin« mehrmals, aber ein Amulett zur Schadensabwehr, das sich die abergläubische Adele wünschte, wurde abschlägig beschieden mit den Worten: »Glaubst denn, i sei a Hex?«

SELBSTDARSTELLUNG UND VEREHRUNG

Adele Spitzeders Aussehen, ihr Gehabe und Auftreten in der Öffentlichkeit waren durchaus wichtig, auch ihre vom Schauspiel her geschulte tragende Stimme. Sie selbst gab sich betont schlicht in ihrer Erscheinung: Zumeist gekleidet in ein schwarzes, hochgeschlossenes Gewand, trug sie das Haar gescheitelt und zurückgekämmt; mit ihrem herben Gesicht samt auffallender Nase, schmalen Lippen und tiefliegenden Augen war sie keine Schönheit, sondern vielmehr eine respektable Erscheinung, zumal eine goldene Halskette mit großem Kreuz, das mit sieben Brillanten besetzt war, ihr Kleid schmückte und so augenfällig zugleich ihre Wohlhabenheit und ihre Frömmigkeit bezeugte.

Ihre religiöse Zugewandtheit zeigte sich auch in dem Kult um den früh verstorbenen Vater, dem sie in ihrer Wohnung einen Schrein errichtet hatte: Ein Baldachin überspannte einen schrankähnlichen Betschemel mit der Büste ihres Vaters, einer Marienfigur unter einem Glassturz und einem Wachsstock davor. Auf ihrem Schreibtisch und ihrem Nachttisch versammelten sich Kruzifix, Heiligenbilder und Devotionalien, die ihr wallfahrende Geldanleger mitgebracht hatten. Eine Wallfahrt, die sie selbst mit großem Gefolge im Sommer 1872 nach Altötting unternehmen wollte, scheiterte am Einspruch des Münchener Ordinariats. Trotzdem stellte sie ihre Frömmigkeit und Redlichkeit mit ihrem großen Brillantkreuz auf der Brust, den zahlreichen Patenschaften, den Spenden für Kirchenglocken und ähnlichem mehr möglichst öffentlich zur Schau. Der Historiker Schumann kommt daher in seinem Beitrag über Adele Spitzeder zum Schluss, dass »ihre Einleger in ihr mehr sahen als nur eine erfolgreiche Geschäftsfrau«, sondern eben auch »eine Heilsbringerin«; die geplante Wallfahrt sollte ihre »sakrale Seite« in der Öffentlichkeit noch mehr verstärken. Inwieweit die Spitzeder wirklich gläubig war, kann nicht gesagt werden. Nach eigenen Angaben aber war sie eher sehr abergläubisch.

Zu Adeles Auftreten gehörte auch eine betonte Volkstümlichkeit, ja Grobheit im Umgang mit den einfachen Menschen der »Dachauer Bank«. Sie soll sie als »Kalbsköpfe« und »Pack« bezeichnet und dazu gerufen haben: »Macht, daß Ihr fortkommt mit Eurem Geld!« Offenbar nahmen die Leute diese Anwürfe nicht ernst, sondern fühlten sich humorvoll-deftig veralbert und familiär, besonders wenn die »Bankmadam« im rotseidenen Morgenmantel durch die Räume wehte. Adeles Schauspielereien – so muss man diese Auftritte wohl bezeichnen – schätzte sie selbst hoch ein, wenn sie urteilte: »Mein Erscheinen unter diesem Conglomerat von Leuten (...) übte stets eine (...) magische Wirkung aus.«

An den Wochenenden fuhr Adele gerne – angeblich zur Erholung wegen ihrer angegriffenen Gesundheit – in die nähere Umgebung Münchens, wie nach Nymphenburg oder an den Starnberger See, auch aufs Land ins Dachauer Gebiet oder nach Miesbach, Kloster Andechs, Fürstenfeldbruck, an den Tegernsee, nach Aibling und Kreuth. Das Oberland Bayerns hatte es ihr angetan. Überall, wo sie zumeist mit zwei pferdebespannten Wagen auftrat, liefen die Menschen zusammen, verlangten sie zu sehen und ließen sie hochleben. Musikkapellen spielten ihr zu Ehren auf, Blumensträuße und Kränze wurden ihr überreicht. Adeles Erscheinen und die ihr entgegengebrachte Verehrung glich einem herrschaftlichen Empfang, gemäß dem Historiker Schumann: »Sehr deutlich sind jedenfalls die Parallelen zum Zeremoniell der Begrüßung eines Herrschers durch sein Volk (...) Sie war dort, wo sie auftrat, für viele der ›kleinen Leute‹ eine Art Ersatzmonarchin, wobei die Regie der Spitzederschen Agenten und Bediensteten jedesmal das Ihre zum Gelingen der Inszenierung beigetragen haben wird.«

Julian Nebel erklärte ihren Erfolg in seinem Buch »Adele Spitzeder« so: »Für den Diebstahl braucht der Dieb nur ein wenig Geschick, will er nicht erwischt werden. Der Betrüger jedoch schleicht sich in das Vertrauen der Betrogenen. Das Opfer gibt von sich aus, im besten Glauben, überzeugt von der Geschichte, die ihm aufgetischt wird, und überwältigt von der Darstellung des Täters. Adele Spitzeder, ehemalige Schauspielerin, gut erzogen, volksnah, sprachgewandt, konnte das

Adele Spitzeder gab sich betont schlicht in ihrer äußeren Erscheinung. Mit einem Kreuz betonte sie ihre (vorgebliche) Frömmigkeit. – Holzstich aus »Die Gartenlaube«, 1873, S. 251.

meisterhaft. Sie genoss das Vertrauen von Kleinhäuslern, Droschkenkutschern, Ledergerbern und Stubenmädchen, die in ihr die Chance sahen, doch etwas mehr aus dem Wenigen zu machen, was sie hatten. Betrug benötigt Charisma, Glaube und Hoffnung. Und die richtigen Umstände.«

Allerdings waren diese Auftritte und Ausfahrten nicht gänzlich kostenfrei, denn die reiche Adele musste überall die

Zeche begleichen, hohe Trinkgelder geben, Geschenke machen und oftmals die jubelnden Leute freihalten – so jedenfalls erzählte Adele es später. In ihren Memoiren schrieb sie dazu: »Auch in Ebenhausen, das ich einmal besuchte, versammelten sich viele Leute und brachten mir Hochs dar. Mehrere Gläubiger unter ihnen baten, ›ein Maßel auf mein Wohl trinken zu dürfen‹, weshalb ich ihnen einen halben Eimer verabreichen ließ (…) Als ich Aibling besuchte, war gerade Jahrmarkt, und ich schenkte deshalb der Kellnerin, welche ich als eine meiner Geldanlegerinnen wieder erkannte, 10 Gulden, um sich den hier zu Lande gebräuchlichen ›Jahrmarkt‹ zu kaufen (…) In Starnberg, woselbst ich mich in Begleitung der Familie Ehinger und der Betty Winter auch einmal einen Tag und eine Nacht aufhielt, mußte ich eine wahrhaft horrende Rechnung zahlen (…) In Tölz machte ich einmal Mittag und es gesellten sich mehrere, wenn gleich bekannte, so doch ungeladenen Gäste an meinen Tisch, so daß ich sehr viel bezahlen mußte. Im allgemeinen wurde ich überall tüchtig übernommen; den Hausknechten gab ich meistens 2 Taler Trinkgeld, da ich gewöhnlich zwei Equipagen einzustellen hatte, sonstige Trinkgelder gab ich freilich mehr, als andere Leute zu geben pflegten, dies tat ich von jeher, und das war eben meine schwache Seite.« Zu diesen Ausgaben fühlte sich Adele angeblich durch das »ungewöhnliche Aufsehen«, das sie überall erregte, »halb und halb gezwungen«. Das heißt, ihre Freigebigkeit gehörte doch eher zu ihrer Selbstdarstellung und öffentlichen Inszenierung als zu ihrer Persönlichkeitsstruktur.

Von den einfachen Leuten, die auch einmal Glück und Geld ohne Mühe haben wollten, wurde die Spitzeder als edle Frau und gütige Volkswohltäterin verehrt. Allerdings wurden zeitgleich auch Stimmen laut, die das Treiben um Adele kritisierten und sich über ihr Auftreten lustig machten.

Einmal soll sogar ein Anschlag auf ihre Person verübt worden sein: Als sie aus Fürstenfeldbruck abfahren wollte, »drängte sich nun ein städtisch gekleideter Mensch an meinen Wagen, pfiff hinein und rief mir zu: ›Fahr zum Teufel in

Adele Spitz·fi·de·wix·leder die Erste

in einfacher Morgentoilette auf dem prächtigen Araber „Schwindel-Brauser“ durch die Maximiliansstraße reitend,

begleitet von ihrem

Seibmopferl dem „schönen Zahn-derl.“

Von den einfachen Leuten wurde Adele Spitzeder wie eine Königin verehrt. Darauf nimmt diese zeitgenössische Karikatur Bezug, die zusammen mit folgendem »Lied zur Beschreibung« veröffentlicht wurde:

Morgenroth, Morgenroth!
Leuchtet mir zu mein'm Bankrott
Bald muß ich die Wechsel lassen,
Und sie packen meine Kassen
Mit dem Herb und mit der Dosch!

Ach so bald, ach so bald!
Kommt der Gendarm in grüner G'stalt.
Arme Volksküch' drunt am Platzl
Mit Sauerkraut und schweinigem Haxl
Ich muß lassen von dir ab.

Kaum erdacht, kaum erdacht
Ist dem Ding ein End gemacht
Gestern stolz noch in Karossen
Heute eingesperrt, geschlossen,
Morgen in dem Schwurg'richtssaal.

die Hölle und verschluck hundert Spitzkugeln!‹ – Ich nahm meinen Schirm, um den zudringlichen Menschen zu vertreiben, doch die Menge riß ihm den Hut vom Kopfe und ihn selbst vom Wagen weg.«

Der Prozessbericht notierte zu Adeles Privatleben und ihrem Auftreten abschließend Folgendes: »Adele Spitzeder hatte sich ziemlich rasch daran gewöhnt, sich von dem glänzenden Comfort des Reichthums umgeben zu sehen; ihre Zimmer waren auf das eleganteste eingerichtet; in denselben waren Spieluhren aufgestellt, um mit ihren Melodien die geladenen Gäste bei der Tafel zu ergötzen oder die Gebieterin in einsamen Stunden in süße Träumereien zu wiegen, die Wände waren bedeckt von Oelgemälden in prunkenden Rahmen, für ihre sonntäglichen Ausflüge standen 3 Equipagen im Stalle bereit, ein Troß von Bediensteten harrte ihres Winkes und über alle diese Herrlichkeiten so ganz im Style eines sybaritischen Paschathums nach eine Zeit lang zu gebieten, sagte ihren Neigungen ausserordentlich zu, auch das Flittergold ihrer erschwindelten Popularität reizte sie viel zu sehr, um so bald wieder darauf zu verzichten.«

»Am 12. November 1872 trat die Katastrophe ein,
mein Unternehmen stürzte zusammen
oder besser gesagt – es wurde gestürzt.«

8 Adele geht bankrott

NIEDERGANG

Inzwischen nahmen die Warnungen vor den Praktiken der »Bankmadam« zu. Trotzdem brachten noch im September 1872 die Leute ihr Geld haufenweise zur »Dachauer Bank«: Tageseinlagen von 130 000 bis 150 000 Gulden kamen da zusammen. Schon seit einiger Zeit beobachtete die Polizei den Menschenauflauf in der Schönfeldstraße, ohne jedoch einzugreifen. Gerüchte verbreiteten sich bis hinaus aufs Land, dass die »Dachauer Bank« kurz vor der Schließung stehe. Viele meinten jedoch, dies sei eine Verschwörung der Sparkassen gegen die so erfolgreiche Spitzedersche Privatbank, denn in der Sitzung des Münchner Stadtrats, damals Magistrat geheißen, hatte der Rat Billing bereits im Mai das Bankgeschäft der Adele Spitzeder kritisch dargestellt und darauf hingewiesen, dass die Münchner Sparkasse mehr Entnahmen als Einzahlungen verzeichne. Von 50 000 Gulden war dabei die Rede. Billing prophezeite der »Dachauer Bank« und ihren Kunden ein »schreckliches Ende«. Deutlich wird hier, dass sich offenbar hauptsächlich die kommunalen Sparkassen um ihre Geschäftslage Sorgen machten, denn ihre Einlagen wurden immer geringer im Vergleich zu den Abhebungen der Kunden.

Allmählich bemerkte Adele, dass sich da etwas Ernstes zusammenbraute. Daher gab sie in dieser unsicheren Situation lieber vorsichtigerweise bekannt, ab dem 1. Januar 1873 nur mehr 3 Prozent Zinsen pro Monat zu geben und ausschließlich morgens zwischen 6 und 7 Uhr Gelder auszuzahlen. Das Kredit- und Geldverleihgeschäft hatte sie bereits vor einigen Wochen vorsorglich eingestellt.

Im Herbst 1872 warnte in nicht zu übersehenden Zeitungsanzeigen das Innenministerium am 30. Oktober und am 5. No-

Gründung der kommunalen Sparkassen
In Göttingen gründete sich 1801 die erste kommunale Spar- und Leih-Casse. Die neue Städteordnung vom 19. November 1808 ermöglichte die kommunale Selbstverwaltung, in deren Gefolge in zahlreichen Gemeinden kommunale Sparkassen gegründet wurden. Im Königreich Bayern entstanden die ersten städtischen Sparkassen 1821 in Nürnberg, 1822 in Augsburg und in Würzburg.
Die eigentliche Gründungsphase war die Zeit von 1840 bis 1860, als 800 neue Sparkassen entstanden. Um 1900 gab es 2500 von ihnen im deutschen Kaiserreich.
(Quelle: Wikipedia.)

vember vor den Machenschaften der »Dachauer Bank«, und auch die Münchner Polizeidirektion schloss sich den Warnungen an. Am 10. November 1872 veröffentlichte das Innenministerium im »Münchner Amtsblatt« über die »Dachauer Bank«, »daß die Art ihres Geschäftsbetriebes nur auf Ausbeutung des Unverstandes und der Habsucht« beruhe. Zudem »müssen die weitaus meisten Kapitalanlagen verloren gehen«, denn der Wert der vorhandenen Immobilien und Grundstücke und anderer Wertgegenstände könne die vorhandenen Verbindlichkeiten nicht decken. Weiter hieß es: »Gegenteilige Versicherungen

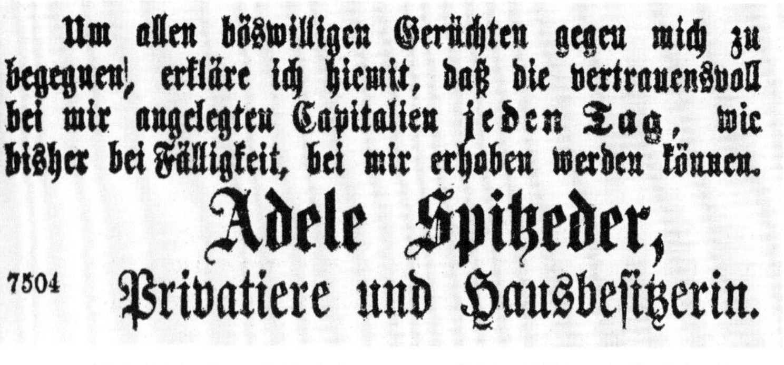
Um allen böswilligen Gerüchten gegen mich zu begegnen, erkläre ich hiemit, daß die vertrauensvoll bei mir angelegten Capitalien jeden Tag, wie bisher bei Fälligkeit, bei mir erhoben werden können.

Adele Spitzeder,
7504 Privatiere und Hausbesitzerin.

Adele Spitzeder wehrte sich gegen geschäftsschädigende Gerüchte in Anzeigen mit der Versicherung ihrer Bonität.

über Solidität, verbreitet von einem Teile der Presse und von Agenten, welche Stadt und Land durchziehen, sind erlogen.«

Im späteren Bericht über den Schwurgerichtsprozess steht dazu: »Das unheilvolle verbrecherische Treiben der Spitzeder'schen Schwindelbank, welches den Wohlstand ganzer Bevölkerungsklaßen auf's Spiel setzte, mußte natürlich die allgemeine Aufmerksamkeit auf sich ziehen und bei allen Redlichdenkenden ernstliche Besorgniße erwecken. Zuerst wendete sich die unabhängige ihrer sittlichen Aufgabe bewußte Preße gegen das Bankinstitut, suchte das Publikum über deßen schwindelhafte betrügerische Grundlage aufzuklären und vor den unausbleiblichen Folgen des Zusammensturzes zu warnen. Allein die Versuche scheiterten an der großen Leichtgläubigkeit und verblendeten Gewinnsucht der Maße (...) Aus den Sparkaßen wurden häufig die Einlagen (...) zurückgezogen, wodurch sich Erstere wiederum genöthigt sahen, ihre meist in Hypotheken auf dem Lande angelegten Capitalien in bedeutenden Beträgen zu kündigen. Hiedurch wurde in einzelnen Bezirken der Hypothekencredit und damit der Wohlstand ganzer Gemeinden ernstlich bedroht.«

Sigmund von Pfeufer, seit 1862 Polizeipräsident von München und von 1871 bis 1881 bayerischer Innenminister, informierte König Ludwig II. über die Auswirkungen des Spitzederschen Bankgeschäfts. Zitiert nach Nebel hieß es in dem Schreiben: »Nach einem Bericht des Bezirksamts Altötting ist die Kapitalanlage der sogenannten kleinen Leute bei der Dachauer Bank der Adele Spitzeder eine so bedeutende, daß die Verwaltung der Distrikts-Sparkasse zu Altötting zu außergewöhnlichen Mitteln greifen mußte, um die massenhaft gekündigten Sparkassen-Einlagen zurückzahlen zu können.« Das heißt, auf dem Land wurden zu viele Konten bei den Sparkassen gekündigt und das Geld zur Spitzeder getragen. Des Weiteren wurde davor gewarnt, dass der oberbayerische Regierungspräsident Theodor von Zwehl eine »Landescalamität« beim Zusammenbruch der »Dachauer Bank« befürchte.

Warnungen, Gerüchte und die Begrenzung der Auszahlungszeit führten nun zu langen Warteschlangen in der Schön-

Die Bayerische Hypotheken- und Wechselbank

1834 gründete sich auf Anregung König Ludwigs I. in München die Bayerische Hypotheken- und Wechselbank, vor allem wegen der Kreditnot der Landwirtschaft: »Der eigentliche Gründer wurde der Hofbankier Simon v. Eichthal, der ausschlaggebende Unterstützung beim Frankfurter Hause Rothschild und auch beim Hause Hirsch fand. Die neue gemischte Bank war eine private Aktiengesellschaft, der wie der Nürnberger Bank ein königlicher Bankkommissär beigegeben wurde. Das Aktienkapital betrug 10 Mill. fl., zu den vier Hauptaktionäre mit je mindestens einer Million fl. Anteil gehörte dann auch das Augsburger Bankhaus Schaezler; der König selbst übernahm 400 000 fl. Die 1835 eröffnete Bank sollte 3/5 ihres Fonds für billige ländliche Hypothekendarlehen zu 4 % Zins verwenden und den Rest für sonstige Bankgeschäfte vorzüglich im Interesse des Gewerbes, deren Ertrag die Kosten decken und so mittelbar dem Realkreditgeschäft zufließen sollte.«

1853 betrug der Kapitalbestand 20 Millionen fl. Der Geschäftsbereich der Bank umfasste das südliche Bayern, wohingegen für den nördlichen Teil die Königlich Bayerische Bank in Nürnberg zuständig war.

(Quelle: Wolfgang Zorn, in: Handbuch der bayerischen Geschichte, Bd. 4/II, S. 806ff.)

feldstraße. Der Andrang der Menschen war derart groß, dass manche abgewiesen werden mussten. Die Frau eines Schneiders, die stundenlang umsonst gewartet hatte, schimpfte daraufhin lauthals und aufgebracht, weshalb Adele sie von ihrem Wachpersonal schnell abführen ließ. Diese Episode sprach sich wie ein Lauffeuer herum: Die Spitzeder hatte nicht ausgezahlt!

Nun kamen immer mehr Menschen, die ihre Gelder abholen wollten; die eingezahlten Summen aber sanken: Am

11. November betrug die Einlage nur mehr 8500 Gulden, ausgezahlt werden mussten dagegen 65 000 Gulden.

ZUSAMMENBRUCH

Bereits Anfang des Jahres 1872 hatten die Behörden erwogen, ob ein Eingreifen in das Geschäft der »Dachauer Bank« möglich sei, da es »in den niederen Ständen bereits tief Wurzel gegriffen« habe und auf einer »ungesunden Grundlage« stehe, wie Innenminister Pfeufer an den Justizminister schrieb. Rechtliche Bedenken jedoch verhinderten ein Eingreifen zu jener Zeit. Man einigte sich auf öffentliche Warnungen. Auch der Münchner Armenpflegschaftsrat machte seine Bedenken nun publik und sah voraus, dass »Dienstboten und Arbeiter ihre sauer erworbenen Ersparnisse einbüßen, eine große Zahl von Familien verarmen« werden. Auch in der Presse kam es jetzt zu immer stärkeren Disputen zwischen den liberalen Zeitungen, wie den »Neuesten Nachrichten« und der ultramontanen Presse. Die »ehrliche« Presse warnte vor dem »gefährlichen Schwindel« der »Dachauer Bank« und deren schlimmem Ende, das absehbar sei. Denn das Bankgeschäft der Spitzeder beruhte auf »der verwerflichsten Grundlage«, so drückte es die Anklageschrift aus, »es war lediglich darauf berechnet, durch enorm hohe Verzinsung die Kapitalien gering Bemittelter, sowie die Ersparnisse der Arbeiter und Dienstboten an sich zu ziehen, die Zinsen, Provisionen und Kapitalrückzahlungen mit Hilfe der neu zufließenden Kapitalien zu bestreiten und dieses System des Schwindels und Betrugs dadurch zu verdecken, daß man sich den Anschein gab, als ob alle diese Zahlungen aus dem durch den Betrieb großartiger Ausgleichsgeschäfte, durch Spekulation in Immobiliarwerthen u. dergl. erzielten Gewinn des Geschäftes bestritten würden, auch wohl auf die Leichtgläubigkeit der Menschen pochend, hie und da in unbestimmter Weise Andeutungen machte, als ob ihr, der Adele Spitzeder, in Folge geheimnisvoller Verbindungen unerschöpfliche Mittel zu Gebote stünden.«

Doch dann kam das Ende der »Dachauer Bank«. Adele Spitzeder beschrieb es in ihren Memoiren so: »Am 12. November 1872 trat die Katastrophe ein, mein Unternehmen stürzte zusammen oder besser gesagt – es wurde gestürzt. Lange vor Tag – schon früh ½ 4 Uhr – drängte sich die um ihr Geld besorgt gemachte Menge in mein Haus, um ihre Wechsel einzukassieren. Sofort ließ ich die Tür öffnen, um die Leute nicht unnötig warten zu lassen. Ich selbst stand um 4 Uhr auf und begab mich in das Zahlungszimmer, um nachzusehen, ob alles in Ruhe und Ordnung vor sich gehe (…) Um 7 Uhr kamen die Zahlmeister, ich begab mich in mein Zimmer und sandte ihnen vorerst 80 000 Gulden in Silber hinunter, weitere Sendungen folgten nach, und bis Nachmittag 4 Uhr waren schon 180 000 Gulden ausbezahlt (…) Sodann wurde ich zum wiederholten Male benachricht(igt), daß um 4 Uhr mein ›Geschäft‹ gesperrt werden würde (…) Um ¼ 4 Uhr rückte Militär in der Straße auf (…) Um 4 Uhr stürzte eine kolossale Menge Menschen in meine Wohnung, schrieen und weinten, indem sie erklärten, sie wollten mich schützen, (…), denn es komme eine Gerichtskommission bereits daher (…) Ich beruhigte die Leute (…) Kaum hatte sich der Lärm einigermaßen gelegt, so meldete mir der Portier Compensis auch schon die Anwesenheit der Gerichtskommission (…) Als die Vorstellung beendet war, äußerte Herr Bezirksgerichtsrath Scharrer, er habe zu eröffnen, daß der Advokat Berghofer den Gantantrag bei Gericht gestellt habe und daß, wenn ich keine Übersicht meines Vermögens geben könne, meine Verhaftung beschlossen sei.«

Adele setzte sich gegen alle Anschuldigungen zur Wehr, indem sie darauf hinwies, dass noch nie eine Zahlung verweigert worden sei. Sie wünschte, die besagten Wechsel zu sehen, was ihr nicht erlaubt wurde, da die Kommission darauf bestand, zuerst Einsicht in ihre Bücher zu nehmen. Inzwischen hatte die Polizei das Haus von den besorgten Menschen geräumt und hielt es besetzt.

Auf Aufforderung hin, ließ Adele die vorhandenen Unterlagen herbeischaffen. Die Kommission stellte nun fest, dass weder übliche Handelsbücher noch ein Kassenbuch geführt worden waren, sondern – wie die Spitzeder angab – nur Privatbücher mit der Eintragung der »täglich eingelegten

Die Gant

»Die Herkunft des nahezu ausschließlich im süddeutschen Raum verwendeten Wortes ›Gant‹ ist nicht eindeutig geklärt. Allgemein verstand man darunter eine Versteigerung an den Meistbietenden. Es liegt nahe, daß der Begriff aus der lateinischen Sprache hergeleitet wurde. ›In quantum‹ bedeutete als Frage ›wieviel‹. In der mittellateinischen Sprache waren die Worte ›in quantus‹ oder ›in cantus‹ gleichbedeutend mit dem deutschen Wort ›Versteigerung‹. Auch in der altfranzösischen und italienischen Sprache kommen die Begriffe ›encant‹ bzw. ›incanto‹ mit der Bedeutung eines Verkaufs zum höchsten Gebot vor. Die überwiegende Meinung geht daher davon aus, daß der bereits im 15. Jahrhundert verwendete Begriff ›Gant‹ aus der lateinischen bzw. romanischen Sprache abgeleitet ist.«

(Quelle: Ralf Bornhorst, Das Bayerische Insolvenzrecht im 19. Jahrhundert und der Einfluß Bayerns auf das Entstehen der Reichskonkursordnung von 1877, Diss. Uni Würzburg 2002, S. 72.)

Obligationen«, zudem ein Buch mit den »Namen der Einleger« und ein weiteres, »worin sämtliche Wechselauszahlungen vom Publikum abquittiert waren.« Nun wurde Adele nach ihrem Vermögen befragt, worauf sie antwortete, dass sie »augenblicklich beinahe eine Million Gulden in Staatspapieren habe, Juwelen im Werte von 60 000 fl. besitze, außerdem noch 80 000 fl. in Silbergeld und eine Masse von wenig belasteten Häusern.« Nur wenige Minuten später kam ihr Bediensteter Weber mit Wechselgeld von 50 000 fl. in Silber die Treppe herauf und wurde sofort von der Polizei in Empfang genommen. Adele gab zudem ihr »reichhaltiges Inventar« an und ließ durch die befreundete Betty Winter »die Bücher« bringen, in denen ihre »bedeutenden Wechselforderungen« und auch die Mieteinnahmen aus ihren Häusern verzeichnet waren.

Nachdem das »kolossale Vermögen« erfasst war, tauchte die Frage nach den Schulden der »Dachauer Bank« auf. Da hierüber keine Bücher geführt worden waren, konnte die

Bankinhaberin diese in der genauen Höhe nicht beziffern. Adele schlug einen Aufruf in der Zeitung vor, um ihre Gläubiger und deren Einlagen nachträglich zu erfassen. Dies wurde ihr verweigert.

Die nun vorgezeigten Wechsel von angeblich 13 000 Gulden, die den Anstoß für die ganze Aktion gegeben hatten, wollte Adele sogleich bezahlen, allerdings waren die Herren der Gerichtskommission damit nicht einverstanden und verwiesen auf alle noch ausstehenden Wechsel, deren Höhe sie ja nicht angeben und unmöglich begleichen könne.

Die »Dachauer Bank« war damit behördlich geschlossen und für bankrott erklärt. Auszahlungen wurden nicht mehr vorgenommen. Die Einleger bzw. Gläubiger der Spitzeder wurden aufgefordert, sich zu melden: In einer »Edictalladung« vom 31. Dezember 1872 wurden sie darüber informiert, dass, nachdem die Gant rechtskräftig wurde, sie »ihre Forderungen und die etwaigen Verzugsrechte bis Montag, den 31. März 1873 (...) schriftlich oder mündlich (...) auf der Gerichtsschreiberei d. k. Bezirksgerichts München links der Isar anzumelden« hätten. Auswärtige Gläubiger hingegen »können ihre Forderungen auch bei dem Gericht ihres Wohnortes anmelden.«

Einige der daraufhin angelegten Verzeichnisse sind im Staatsarchiv München einzusehen: Beispielsweise meldeten sich beim Amt Unterpfaffenhofen 24 Personen mit Forderungen von insgesamt 4400 fl., was eher niedrig erscheint, denn im Amt Maisach waren es bereits 115 Personen mit einer Summe von 52 600 fl. und in anderen Ämtern wurden noch weitaus höhere Beträge verzeichnet. Die meisten Geschädigten kamen aus Dachau mit 459, Ebersberg mit 286 und Aibling mit 244 erfassten Fällen. Der Regierungsbezirk Oberbayern war am schwersten vom Bankrott der Spitzederschen Bank betroffen. Ihm folgte Niederbayern vor allem mit dem Bezirksamt Mallersdorf, so berichteten Ende des Jahres 1872 die Regierungspräsidenten.

Da nicht alle Gläubigerinnen und Gläubiger offiziell erfasst werden konnten, ergab sich insgesamt eine annähernde Zahl

Die Kriminal-Untersuchung gegen Adele Spitzeder wegen Verbrechens des betrügerischen Bankerotts ist bereits eröffnet. Die bis zur Stunde hier gerichtlich angemeldeten Forderungen an die Spitz-eder'sche Bank überschreiten bereits erheblich die Aktiva, die von Dr. Sigl heute verbreiteten gegentheiligen Nachrichten sind erlogen.

K. Hof- und Nationaltheater. Samstag, den 16. November. Gracchus der Volkstribun, Tragödie von A. Wilbrandt.

Münchener Volkstheater. Ein Florentiner Strohhut.

Gegen Ende des Jahres 1872 wurde die »Dachauer Bank« behördlich geschlossen. Per Anzeigen wurden die Gläubiger aufgefordert, ihre Forderungen anzumelden.

von etwa 30 000 betrogenen Menschen, die alle um ihr Geld bangten und auf Entschädigung hofften.

Unglaubliche Szenen spielten sich in den Tagen des Zusammenbruchs der »Dachauer Bank« ab, wie der Zeitgenosse Ludwig Steub festhielt: »Tausende und Tausende drängen sich in die Amtsstuben mit wertlosen Wechseln in der Hand, mit dicken Thränen im Auge. Mehr als die Hälfte der hiesigen Dienstboten ist um ihren Nothpfennig betrogen; vom Lande herein kommen grausige Berichte über die Verheerungen, die dort eintreten. Ein reicher Bauer, der einen schönen Hof verkauft und den ganzen Kaufpreis in der Dachauer Bank angelegt hatte, um von den Zinsen ein otium cum dignitate (= ehrenvoller/würdevoller Ruhestand) zu führen, rannte gestern durch das weite Regierungsgebäude und durch alle Bureaux und rief in halbem Wahnsinn: ›Ihr Herren müßt mir mein Geld schaffen, denn ihr habt diese Banditenwirthschaft zugelassen!‹«

Zuallererst musste man sich jedoch einen Überblick über das vorhandene Vermögen, die aktiven Posten, und über die Verbindlichkeiten, die Passiva, der »Dachauer Bank« und ihrer Inhaberin Adele Spitzeder verschaffen. Der vom Gericht beauftragte Konkursverwalter Vincenti ermittelte laut Anklageschrift schließlich ein »Activvermögen von 1,974,008 fl. 24 kr.« und einen »Schuldenbetrag von 10,099,766 fl. 50 ½ kr.«; das ergab »die enorme Ueberschuldung von 8,125,758 fl. 26 ½ kr.«

Versteigerung.

In der Gant über das Vermögen der

Adele Spitzeder in München

versteigert der Unterzeichnete gegen Baarzahlung in kassamäßiger Münze öffentlich an den Meistbietenden

im Hause Nr. 5 an der Königinstrasse

in München

am Freitag den 27. Dzbr.

von Vormittags 9 Uhr bis Mittags halb 1 Uhr und Nachmittags von 2 Uhr bis 4 Uhr, und wenn nöthig

Samstag den 28. Dzbr. 1872

an vorbezeichneten Tagesstunden:

4 sehr schöne Garnituren, 3 sehr schöne gute Betten, sehr schöne Kommoden, Nachttische, Waschtische, andere Tische, Kleiderkästen, Buffetkasten, Spiegel, Lampen, Leuchter, Bilder, Vorhänge, eine aus 55 Piecen bestehende Sammlung kleiner und großer Geweihe, ein Lustre aus Geweihen, ausgestopfte Vögel, Hasenköpfe, Steinbockkopf, Dolch, Hirschfänger, ein Harmonium, Wäsche, etwas Wein und Spirituosen u. s. w.

Bemerkt wird, daß die Möbel der einzelnen Zimmer meist zusammenpassen, und aus Eschen-, Nußbaum- und Mahagoniholz bestehen und sämmtliche Gegenstände sehr gut erhalten sind.

München, den 23. Dezember 1872.

J. Schneider,

k. Gerichtsvollzieher.

Druck von M. Vogt in München, Rosenthal Nr. 19.

Gemälde-Versteigerung.

In der Gant über das Vermögen der

Adele Spitzeder

in München, versteigert der Unterzeichnete gegen Baarzahlunz in cassamäßiger Münze öffentlich an den Meistbietenden am

Montag den 23 December 1872 von Vormittags 11 Uhr bis Mittags 1 Uhr und von Nachmittags ½3 Uhr bis ½5 Uhr

und wenn nöthig

Dienstag den 24 December 1872 von Vormittags ½10 Uhr bis Mittags 1 Uhr

im großen Saale der **Westendhalle** zu München

eine aus 84 Stück bestehende **Gemäldesammlung** älterer und neuerer Meister, von welchen hervorgehoben werden: **Ramberg, Fritz Kaulbach, Bürkel, Lindenschmitt, Ockert, Köbel, Geiger, Hacker, Englmann, Robert Schleich, Lichtenheil, Hofstetten, Haaga, Weiß, Mittenhuber, J. B. Roßmann, Seidel, Kauffmann, Gaiser, Zink u. a.**

Montag den 23 December 1872 sind die Gemälde im Saale der Westendhalle von ½10 Uhr bis 11 Uhr Vormittags zur Ansicht ausgestellt.

München, den 18 December 1872.

(13530) **J. Schneider,** kgl. Gerichtsvollzieher.

Neben der Erfassung aller Gelder und Wertgegenstände sowie ihrer Schulden wurden auch Adeles Einrichtungsgegenstände inventarisiert. Die Versteigerung (Gant) selbst erfolgte dann nach den Weihnachtstagen im Dezember 1872.

VERHAFTUNG

Anfangs war Adele Spitzeder ruhig geblieben, mit Rosa Ehinger beständig an ihrer Seite. Als jedoch die Durchsuchung ihrer Schränke, Schubladen, Kommoden, ihres Schreibtisches andauerte und die Kommission erst um 9 Uhr abends innehielt und ihr die bevorstehende Verhaftung mitteilte, sank sie kraftlos auf das Bett. Man gewährte ihr einige Stunden Ruhe, bis der herbeigeholte Polizeiarzt sie gegen Mitternacht für transportfähig befand. »Nun ging es in die Gefangenschaft!«, schrieb Adele sich erinnernd. »Einer meiner Bediensteten gab mir noch zwei Kistchen Zigarren, welche zu tragen sich Polizeioffizier Walch erbot, Rosa E. nahm meinen Hund unter den Arm und so schied ich, nachts um die zwölfte Stunde unter dem Weinen und Jammern der Dienstboten, begleitet vom Gerichtsvollzieher und den beiden Polizeioffizianten aus dem Hause.« In einem bereitgestellten Fiaker wurden Adele Spitzeder und Rosa Ehinger mitsamt dem Gerichtsvollzieher Schneider und dem Polizeioffizianten Walch sowie dem Polizisten Stich, der auf dem Kutschbock Platz genommen hatte, zum Gefängnis Baaderstraße gefahren. Der Kutsche voraus »marschierte eine Truppe Soldaten« zur Bewachung.

Der Gefängnisverwalter Franz Schnitzlein brachte Adele mit Rosa und Hund Daisi in einem Zimmer des ersten Stockwerks unter, das zuweilen das Verwalterehepaar als Salon nutzte. »Dasselbe war mit roten Plüschmöbeln ausgestattet, und befanden sich darin noch ein Schreibtisch, ein Kasten für Medikamente, Bücher und ein Pianino«, insgesamt war es recht gemütlich, wie Adele meinte. Zwei Betten wurden noch aufgeschlagen,

◀ ***Um die ungeheuren Schulden der »Dachauer Bank« auch nur annähernd tilgen zu können, wurden Adele Spitzeders Mobiliar und Gemälde versteigert.***

und so konnte die erste Nacht in Untersuchungshaft relativ angenehm verbracht werden. Am Morgen gab es Kaffee und Weißbrot, jedoch fühlte Adele sich krank und konnte nicht aufstehen. So wurde ihr für einen Tag völlige Ruhe verordnet.

Die nächsten Tage waren mit Verhören ausgefüllt wegen des Verdachts des »betrüglichen Bankrottes« und der »Verschleppung« von Geldern. Adele beteuerte dabei beständig, dass sie keine Kauffrau sei, daher auch keine üblichen Handelsbücher habe führen müssen und auch kein Geld zur Seite geschafft habe. Die 50 000 Gulden, die man bei Rosa Ehingers Mutter gefunden habe, seien ein bereits früher gemachtes Geschenk für ihre Freundin gewesen, um diese für die späteren Jahre abzusichern. »Allerdings muß ich zugeben«, erkannte Adele nun, »daß ich von meinen Freunden und Freundinnen, welche diese meine schwache Seite (Adele meinte hier ihre übergroße Freigebigkeit) ausgekundschaftet hatten – und ihre Zahl ist Legion – auf die unverschämteste Weise ausgebeutet und betrogen wurde.« Auch die Anklageschrift bemerkte diesbezüglich, dass die Bediensteten der Spitzeder es in der Mehrzahl verstanden hatten, »sich binnen der kurzen Zeit, in welcher sie im Spitzeder'schen Geschäfte sich befanden, sich aus unbemittelter Lage zum Wohlstand emporzuschwingen.«

Der »Fränkische Anzeiger« listete 1873 bezüglich der »Verschleppungen« für seine Leserschaft ausführlich auf: Aus der Voruntersuchung »ergibt sich also, was zunächst die Angeklagte Adele Spitzeder anlangt, daß sie nach erfolgter Zahlungseinstellung, d. h. nach erfolgter gerichtlicher Beschlagnahme ihres Vermögens am 12. November (...) Vermögensstücke dadurch verheimlichte und beseitigte, daß sie: a) einen ihr gehörigen Pack von Werthpapieren und zwar mit österreichischen Papierrenten-Obligationen im Nominalbetrage zu 19050 fl. österr. Währung und Münchener Stadtanlehens-Obligationen zu 31,000 fl. nebst je dazu gehörenden Zinsabschnittsbögen, durch ihren Kammerdiener Jacob Nebel zu der in dem anderen Flügel ihres Hauses wohnenden Oberpackersfrau Bertha Ehinger verbringen ließ, b) von einem weiteren ihr gehörigen Pack mit verschiedenen Werthpapieren nebst Zinsabschnitt-Beträgen, welcher kurz zuvor noch in einem Nominalbetrage von etwa 50,000 fl. ihr aus der Verwahrung von Friseur Friedrich Speyer zurückgestellt war, von dem aber die Werthpapiere nur theilweise zum Gantgerichte gelangten, durch ihren Kammerdiener Jacob Nebel Werthpapiere im Nominalbetrage von 35,000 fl. der Theaterdirektorswitwe Betty Winter zur späteren Auslieferung an ihre Gesellschafterin Rosa Ehinger behändigen und einen großen Theil der übrigen Papiere in einen nicht näher zu bestimmenden Werthbetrage unter dem Vorgeben, es gehörten solche der Rosa Ehinger, zu deren Mutter, der bereits genannten Bertha Ehinger bringen ließ, c) ihrer Gesellschafterin Rosa Ehinger gestattete, eine ihr gehörige, in einem zwilchenen Säckchen verwahrte Summe Geldes im ungefähren Betrage von 100 fl. zu deren Mutter Bertha Ehinger bringen zu lassen, d) ältere Geldmünzen, meist Frauenthaler im ungefähren Gesammtwerthe von 4000 fl. unter ihre Bediensteten schenkungsweise vertheilte, e) dem bezeichneten Jacob Nebel sieben Stück ihr gehörige verzinsliche Pfandbriefe der bayer. Hypotheken- und Wechselbank zu je 100 fl., wovon zwei ohne Zinsabschnitte, die übrigen nur mit Coupons vom 1. Juli 1873 versehen waren, schenkte.«

IN UNTERSUCHUNGSHAFT

Rosa Ehinger wurde nun von Adele getrennt untergebracht. Die Spitzeder selbst übersiedelte am 17. November, obgleich noch immer sehr leidend, »in das mir von nun an bestimmte Zimmer im ersten Stocke des Gefängnisgebäudes«. Das Zimmer, besser die Zelle, war geräumig und lichtgelb gestrichen, hatte zwei große vergitterte Fenster mit »blinden Scheiben« und grünen Vorhängen, drei eiserne Klappbetten, neben der Tür befand sich eine Stellage für die Kleidung, ein großer Tisch mit zwei Bänken stand in der Mitte und ein kleiner Tisch an der linken Wand. Alles war am Boden befestigt und somit unverrückbar. Adele wurde jedoch erlaubt, sich eigene Möbel bringen zu lassen: ihr Bett, den Waschtisch mit Waschgeschirr, einen gepolsterten Stuhl und einen Armsessel. Den Wärter konnte sie mit einer Glocke herbeirufen, von der Frau

In der Haft erkrankte Adele Spitzeder; die zeitgenössische Karikatur sah die Ursache der Bettlägerigkeit in ihren Albträumen begründet.

des Verwalters und dessen Tochter wurde sie gepflegt und vom Arzt medizinisch betreut. Sie wurde mit »der größten Höflichkeit und Achtung« behandelt und kam mit den anderen Gefängnisinsassen nie in Berührung.

Trotz dieser Annehmlichkeiten verfiel Adele in eine Depression und versuchte – nach ihren eigenen Angaben –, ihrem Leben ein Ende zu setzen, was zwar misslang, aber zu einer ernstlichen Erkrankung führte.

Auch privat erhielt Adele schlechte Nachrichten: Ihre Mutter hatte einen Gehirnschlag erlitten und lag auf dem Sterbebett. Sie schloss am 15. Dezember 1872 für immer die Augen. Durch die Umstände bedingt, konnte und durfte Adele an ihrem Begräbnis nicht teilnehmen.

Der Nachlass ihrer verstorbenen Mutter, Adeles Erbe, wurde der Gantmasse zugeschlagen. Sie selbst erhielt nach ihren Angaben nur den Ehering und einige Familienbilder ausgehändigt. Außerdem blieben ihr von einer beurkundeten Jahresleibrente, nach Abzug des Teils für ihre Gläubiger, noch 432 ½ Gulden.

Im Februar 1873 endeten die Verhöre und Untersuchungen, wobei zahlreiche Verdachtsmomente auch gegen Adeles Bedienstete, vor allem bezüglich ihres Kammerdieners Jakob Nebel, sowie ihre Freundinnen Betty Winter und Rosa Ehinger samt Mutter zur Sprache kamen. Am 13. Juni 1873 erhielt Adele Spitzeder die Nachricht »mit der Verweisung vor das Schwurgericht von Oberbayern«. Als Verteidiger war ihr Rechtsanwalt Angstwurm benannt worden, dem sie sogleich ihre Auffassung von ihrer Unschuld vorlegte. Denn: »Mein Gewissen war rein, ich war mir keiner Verschleppung bewußt, die mir ebenfalls zur Last gelegte mangelhafte Buchführung, konnte mir, als einem Weibe, doch auch nicht als Verbrechen angerechnet werden, und so sah ich meiner öffentlichen Verhandlung ohne Herzklopfen und mit freier Stirne entgegen.«

»Am 14. Juli morgens um 8 Uhr erschien ich vor dem Schwurgerichte von Oberbayern.«

9 Adele wird verurteilt und kommt ins Gefängnis

DER PROZESS

Nun kam der erste Tag der Schwurgerichtsverhandlung gegen Adele Spitzeder und die anderen Beteiligten. Über den Andrang an Schaulustigen und Betroffenen hält der zeitgenössische Bericht fest: »Der letzte Akt des großen Schwindeldramas beginnt. Es ist ein herrlicher Sommertag, an welchem schon früh Morgens das Volk nach dem ›Augustinerstock‹ in München, unter dessen Räumlichkeiten der Schwurgerichthof sich befindet, wandert, um Adele Spitzeder und ihre ›Gesellschafterin‹ Rosa Ehinger mit drei anderen, untergeordneten Persönlichkeiten auf der Anklagebank zu sehen. Da heißt es jedoch: ›Viele sind berufen, aber Wenige auserwählt.‹ Denn schon die Thore und Höfe des Gebäudes, dann die Treppenabsätze, Corridore und Eingänge des Saales sind mit Soldaten und Gendarmen besetzt, welche es unmöglich erscheinen lassen, daß Jemand, der nicht eine Eintrittskarte hat, durchschlüpfen und unbefugt in das Allerheiligste eindringe.«

Um acht Uhr begann der Prozess. Zunächst betrat Rosa Ehinger den Gerichtssaal, kurz darauf Adele Spitzeder. Beide Frauen präsentierten sich in feinen Wollstoffkleidern, mit Samt verbrämt. Hut mit Schleier und Glacéhandschuhe vervollständigten ihre gänzlich schwarze Kleidung. Adele Spitzeder wirkte mit ihrer mageren Gestalt recht streng. Auf ihrem bleichen Gesicht mit den grauen Augen, dem spitzen Kinn und der langen Nase zeigte sich keine Erregung. Ihre gesamte Erscheinung vermittelte einen selbstbewussten, ja – angesichts der Umstände – eigenartigen Eindruck. Ihre Freundin Rosa Ehinger wirkte dagegen jugendlich, zierlich und hübsch mit braunen Augen und dunklen Haaren.

Damals gab es im deutschen Kaiserreich noch Geschworenengerichte, die erst 1924 abgeschafft und durch Schöffengerichte ersetzt wurden. 15 Geschworene mussten also über Adeles Schuld oder Unschuld sowie die ihrer Mitangeklagten befinden, danach erst konnte der vorsitzende Richter das Strafmaß festsetzen.

Adele und Rosa nahmen in der Mitte des Saales mit ihren Verteidigern Platz. Der Staatsanwalt saß links und die Geschworenen rechts des erhöhten Richterpodiums. Insgesamt waren 130 Zeuginnen und Zeugen geladen worden, 97 belastende und 17 entlastende waren anwesend; der Rest war nicht erschienen, hatte sich entschuldigt oder war flüchtig, wie Adeles ehemaliger Hausmeister Georg Compensis.

Das Publikum fand sich zahlreich ein, viele mussten wegen Überfüllung abgewiesen werden, und auch die Pressebank war voll besetzt, denn Berichte vom Prozess gegen die Spitzeder steigerten die Auflage.

Der Angeklagten wurde zur Last gelegt, dass sie es unterlassen habe, als Kauffrau ordnungsgemäße Bücher nach Artikel 28 des Handelsgesetzbuches zu führen, aus denen jederzeit die finanzielle Lage ihres Bankgeschäftes ersichtlich gewesen wäre. Darauf basierte die »Anschuldigung des Verbrechens des betrügerischen Bankerotts«, die aus der Anklageschrift hervorging. Daher legte Adele großen Wert darauf, nicht als Kauffrau zu gelten. Der Staatsanwalt bemerkte dazu: »Der Widerstand, den sie in dieser Beziehung entwickelte, sucht an Hartnäckigkeit seines gleichen. Die Acten des königl. Handelsgerichts München (links der Isar) geben hierrüber genügend Aufschluß. Sie glaubte hiedurch zweierlei zu vermeiden. Einmal wollte sie der Verpflichtung zur Kaufmännischen Buchführung überhoben sein, aus welcher man ihr ihren Vermögensstand jeden Augenblick leicht hätte nachweisen können. Sodann wähnte sie auf diese Weise zu erreichen, daß im Falle des Zusammenbruches die Bestimmungen des Reichsstr(af) Gesetzbuches – das sie nach eigenem Geständnis eifrig studirte und von welchem auch ein Exemplar auf ihrem Schreibtische liegend vorgefunden wurde – über

Adele Spitzeder während ihrer Verhandlung als Angeklagte. – Zeichnung aus dem Schwurgericht München, 1873.

den kaufmännischen Bankerott nicht auf sie angewendet würden. Welch' großen Werth sie darauf legte, nicht als Kauffrau erklärt zu werden, beweist unter Anderem der Umstand, daß sie dem Rechtsconcipienten, welcher die von Erfolg begleitete Einspruchsschrift gegen die Verfügung des königl. Handelsgerichts München (links der Isar) vom 21. November 1871, wodurch Adele Spitzeder zur Firmenzeichnung aufgefordert wurde, verfertigt hatte, hiefür ein Geschenk von 2500 fl. machte.«

Ein weiterer Anklagepunkt beinhaltete, dass sie »nach bereits erfolgter Zahlungseinstellung unter Beihilfe von Einzelnen ihrer Bediensteten Vermögensbestandtheile« beiseiteschaffen ließ, wie es die Voruntersuchung ergeben habe. Nämlich: Wertpapiere, Staatsanleihen und Obligationen im Wert von 19 000 und 31 000 Gulden sowie weitere Wertpapiere für 3500 Gulden, desgleichen ältere Geldmünzen (Frauentaler) im Wert von 4000 Gulden sowie Pfandbriefe und kleinere Geldbeträge für mehrerer hundert Gulden. Diese »Verschleppungen« ließ sie von ihrem Kammerdiener Jacob Nebel und von Rosa Ehinger zu deren Mutter ausführen, bzw. ließ sie kleinere Beträge an ihr Stubenmädchen Anna Jordan, ihre Köchin Maria Pregler, ihre Putzerin Anna Anzer und ihren Kammerdiener Jacob Nebel sowie an ihren Hausmeister Georg Compensis aushändigen. Bezweifelt wurde auch ein angebliches Geldgeschenk für Rosa Ehinger von 50 000 Gulden zur Wiedergutmachung schlechter Nachrede wegen ihrer intimen Nähe zu Adele Spitzeder. Demzufolge gab es im Rahmen der Verhandlung Nachfragen über das Verhältnis der beiden Frauen zueinander. Das ehemalige Stubenmädchen Anna Jordan sagte dazu aus, dass die beiden Frauen sehr zärtlich miteinander umgegangen seien und sich öfters in der Öffentlichkeit geküsst hätten. Nebulös äußerte die Anklageschrift über die Beziehung der beiden Frauen: »Es mag jedoch der Schleier, welche die Misterien eines eigenthümlichen Sinnlichkeitscultus über das Verhältnis beider gebreitet haben, vorläufig hier noch ungelüftet bleiben und diese bloße Andeutung genügen.«

Angeklagt der »Verschleppung« von Finanzmitteln bzw. der Beihilfe dazu war neben Rosa Ehinger und Jakob Nebel auch das Ehepaar Pregler. Die Köchin Maria Pregler gestand im Verlauf der Befragungen, »einen Theil der ihr von der Ehinger zur Verschleppung übergebenen Obligationen für sich behalten zu haben. Die anderen brachte sie, weil ihr die Sache bedenklich wurde, noch am Abend wieder zurück und wollte nichts mehr damit zu tun haben.« Ihr Ehemann hatte einige Papiere auf dem Speicher seines Arbeitgebers versteckt, in der Meinung, die Spitzeder habe diese seiner Frau geschenkt.

Weitere Aspekte der gerichtlichen Befragungen betrafen hauptsächlich die »luxuriöse« Lebensgestaltung der Spitzeder, ihre Ausfahrten, ihre Gesellschaften, ihre Diners, ihren Schmuck und die üppige Bezahlung ihrer dienstbaren Geister. Dazu führte der Staatsanwalt aus: »Uebrigens bleibt es immerhin ein beachtenswerther Umstand, daß man bei der Beschlagnahme ihres Vermögens in ihrer Wohnung Pretiosen, vorzugsweise aus Brillanten bestehend, im Werthe von 34137 fl. vorgefunden hat (...) Abgesehen von der Kostspieligkeit ihrer Hauseinrichtung (ist noch zu erwähnen), daß sie außer jenen großen Spielkästen in einigen Zimmern, auch noch zwei Pianino's und ein Harmonium im Besitze hatte.« Seit Januar 1872 erwarb »eine gewisse Rosalie Rotheimer« – fuhr der Staatsanwalt fort – in Adele Spitzeders Auftrag »Luxusgegenstände aller Art« für einen Betrag von 50 000 Gulden. Wie hoch die Gemälde aus Spitzeders Besitz im Wert einzuschätzen sind, sei bislang noch nicht bekannt. Auch »verköstigte sie in der letzten Zeit ihr ganzes Personal, welches sich auf circa 28 bis 30 Personen belief. Theils aß dasselbe in ihrer eigenen Wohnung, theils auf ihre Kosten in der von ihr käuflich erworbenen Wirthschaft zum Tell. Die Küchenrechnung machte per Woche 130 bis 140 fl., wobei die Einkäufe beim Specerei- und Delikatessen-Händler und beim Charcetier nicht eingerechnet sind, in der Wirtschaft zum Tell betrug die Rechnung in der Woche durchschnittlich 120 fl. Außerdem veranstaltete sie Sonntags gewöhnlich größere Gastgelage, wo es hoch herging. Häufig wurden auch von ihr an Sonntagen größere Partien in eigenen Equipagen und in größerer Gesellschaft unternommen, bei welchen sie alles bezahlte und hiebei eine außerordentliche Verschwendung in Bezug auf Bewirtung ihrer Gäste und Spendung von Trinkgeldern und dergl. an den Tag legte.«

Des Weiteren wurde aufgezählt: »Ihren Bediensteten gewährte sie außerordentlich hohe Dienstbezüge. So hatte, nur um ein Beispiel anzuführen, Buchdruckereibesitzer Napoleon Homolatsch, der bei ihr als Cassier eintrat, obgleich er wegen gänzlichen Mangels kaufmännischer Kenntnisse nicht ein-

Vor Gericht erschien als Mitangeklagter Jakob Nebel, Kammerdiener der Adele Spitzeder. – Zeichnung aus dem Schwurgericht München, 1873.

mal seine eigene Buchhaltung zu führen vermochte, einen monatlichen Gehalt von 250 fl. Einer ihrer Bediensteten Franz Silchinger hatte nebenbei noch das merkwürdige Privilegium, alles Geld, welches er bei Schluß des Geschäftes in den Geschäftslokalitäten auf dem Boden liegend vorfand, für sich behalten zu dürfen. Rosa Ehinger bezog als Gesellschafterin, wie sie selbst angiebt, einen Monatsgehalt von 500 fl. Thatsache ist wenigstens, daß sie sich während ihres kurzen Aufenthaltes bei der Spitzeder von ihrem Gehalt und durch Geldgeschenke, die sie von dieser erhielt, ein Vermögen von 10,000 fl. ersparte. Außerdem schenkte ihr die Spitzeder auch noch Schmuck und Brillanten im Werthe von in runder Summe 7000 fl. Mit Geschenken z. B. Brillanten, Ringen und dgl. wurden auch ihre Bediensteten reichlich bedacht.«

Auf die richterliche Befragung hin, sagte die Angeklagte, dass sie für sich wenig gebraucht, »sondern Alles für die Armen gethan, mit denen sie als sie selbst arm war, den letzten Groschen getheilt habe.« Der Gerichtspräsident ließ das nicht gelten und eine »zwei Fuß lange« Blechschatulle herbeibringen, »welche mit den kostbarsten Pretiosen aller Art gefüllt« war. Darin befanden sich unter anderem ein »Brillant-Hemdknöpfchen der Rosa Ehinger im Werthe von 1000 fl., eine Dose, welche Notar Dettenhofer an die Gantmasse ausgeliefert, und nach Angabe der Spitzeder 500 fl. gekostet hat, ein goldenes Kreuz der Adele selbst, mit Brillanten, wofür 9000 fl. ausgegeben, und an schwerer goldener Kette, ein dito Kreuz, welches sie gewöhnlich trug, und welches in einer Höhlung eine Reliquie birgt, die die Spitzeder als ›hochgeweiht‹ bezeichnet(e).«

Sieben Tage währte die Verhandlung. Dabei äußerte sich schriftlich der ehemalige Auszahler und Drucker Napoleon Homolatsch; mündlich sagten aus: der einstige Bedienstete Schifferl, der Wirt des »Deutschen Hauses«, die Zimmermannfrau, mit der das Geldgeschäft begonnen hatte, und einige Einzahlerinnen aus der Au sowie Auflegerinnen (Werberinnen), wie Anna Bär und die Holzmagd Anna Huber, ebenfalls aus der Au, dazu noch das Friseurehepaar Speier, das in seinem Salon ein Wertpapierdepot für Adele Spitzeder verwahrt hatte, sowie Emilie Branitzka (alias Stier), vormalige Freundin Adeles. Weiter traten vor die Schranken des Gerichts Adeles Kreditvermittler und späterer Hausmeister Josef Weber und Adeles Privatsekretär. Als Experten zog man den Direktor der Handelsschule Reuschle hinzu, um die Art des Bankgeschäftes der Spitzeder zu erörtern. Die Juwelierin Rottheim bezeugte Adeles Kauf von Brillanten, der Bedienstete Gröbmeier ihren Konsum von Likör morgens und abends. Der kritische Redakteur der »Neuesten Nachrichten« August Napoleon Vecchioni beklagte einen Bestechungsversuch bei seiner Schwester zugunsten der Spitzeder, wohingegen der Redakteur des »Freien Landboten« Theophil Bösl plötzlich jegliche Einflussnahme Adeles auf sein Blatt leugnete.

Rosa Ehinger, Adele Spitzeders Freundin, als Mitangeklagte vor Gericht. – Zeichnung aus dem Schwurgericht München, 1873.

So ging es die Verhandlungstage hindurch fort, in denen selbst Profiteure der »Dachauer Bank« Adele belasteten und meinten, sie habe mit fremdem Geld in Saus und Braus gelebt. Allerdings sah die Angeklagte das völlig anders, wie sie in ihren Memoiren festhielt: »Wirklich Nachteiliges konnte keiner der vorgeladenen 130 Zeugen über mich aussagen und ich kann wohl sagen, daß sich die Zeugenvernehmungen zum großen Teile darum drehten, was ich gegessen und getrunken, wie oft und wohin ich Landpartien gemacht, und dergleichen gleichgültige Dinge mehr. Von dem mir zur Last gelegten betrüglichen Bankrott, beziehungsweise Verschleppung, wurde wenig oder fast gar nichts gesprochen.«

DAS URTEIL

Am Ende forderte Staatsanwalt Barsch für Adele Spitzeder vier Jahre Haft mit den Worten: »Es war wie ein Märchen aus

Tausend und einer Nacht – das hat sie ja selbst gesagt – in welches sie sich träumte, aber dieses Märchen wurde abgespielt ohne Rücksicht ob das Glück von Tausenden dabei auf dem Spiele stand. / Die Calamität, die in Folge dieses Geschäftes eintrat, war eine ganz entsetzliche, das Landvolk insbesondere strömte in Massen herbei, um sein Geld dem Abgrunde dieser Bank anzuvertrauen, kündet deshalb die Capitalien, die es in den Sparkassen angelegt hatte, und diese waren dadurch genöthigt, auch ihre auf Landgütern angelegten Capitalien zu künden, dadurch wurde der Hypotheken-Credit völlig erschüttert.«

Weiterhin schlussfolgerte der Staatsanwalt über den »Spitzeder-Geschäftsbetrieb«, »daß einerseits bei so hoher Einzahlung, andererseits bei so wenig fructifizirlicher Verwendung der eingelegten Capitalien ein solches Geschäft nicht von langer Dauer sein könne. Es habe auch keinen anderen Zweck gehabt, als das Volk auszubeuten und um Hab und Gut zu bringen. Adele Spitzeder habe gewiß auch beabsichtigt zu guter Stunde sich aus dem Staube zu machen, nur sei sie durch den außerordentlichen Erfolg sicher gemacht und durch den Beistand von Rechtsverständigen in ihrem Wahne bestärkt worden.« Sein Plädoyer schloss der Staatsanwalt mit den Worten: Die Angeklagte war bestrebt »durch ihren Widerstand gegen die Erklärung zur Handelsfrau dafür zu sorgen, daß sie nicht unter den §28f des R-St.G.B. falle, ihre maßlose ungeheure Verschwendung darauf berechnet ihren Reichthum namentlich den Landleuten zu zeigen, um sie anzulocken, alles dies spreche für die Absicht der Benachtheiligung der Gläubiger, sie habe, wenn sie ihre Brillanten anlegte, sich recht mit den Schweißtropfen des Volkes geschmückt, die in ihrer Hand zu kalten gefühllosen Stein(en) wurden.« Das Plädoyer ihres eigenen Verteidigers Angstwurm übersah nach Adeles Auffassung »die wichtigsten Anhaltspunkte, welche notwendig meine Freisprechung zur Folge hätten haben müssen.«

Dr. Gutbrod, Rosa Ehingers Verteidiger, plädierte für seine Mandantin auf unschuldig, da sie getäuscht worden sei und

Gefängnis oder Zuchthaus?

Das erste Zuchthaus entstand im 16. Jahrhundert in den Niederlanden, als man von Leibesstrafen zu Inhaftierungen überging. In Deutschland kamen die ersten Zuchthäuser zu Beginn des 17. Jahrhunderts, z. B. in Hamburg und Lübeck, auf und verbreiteten sich allmählich in allen deutschen Ländern. Ursprünglich waren sie nicht nur von Straffälligen bevölkert, sondern auch von anderen »Subjekten«, z. B. Prostituierten, arbeitsunwilligen Knechten usw. Diese wurden im Zuchthaus zur Arbeit gezwungen.

Harte körperliche Arbeit und verschärfte Haftbedingungen im Vergleich zum Gefängnis waren auch im 19. Jahrhundert noch wichtige Bestandteile der Zuchthausstrafe, die für das deutschen Kaiserreich 1871 geregelt wurde. Es gab damals vier Arten der Bestrafung mit abnehmender Härte: Zuchthaus, Gefängnis, Haft und Festungshaft.

Die Unterscheidung zwischen Gefängnis und Zuchthaus wurde in Deutschland erst 1969/70 aufgehoben. Heutzutage spricht man von Justizvollzugsanstalten mit milderen und härteren Haftbedingungen.

nicht gewusst habe, dass die Spitzeder bei der Bankgründung kein eigenes Vermögen eingebracht hatte. Auch könne von »Verschleppung« keine Rede sein, da die 50 000 Gulden ein Geschenk gewesen seien, das Rosa Ehinger in Sicherheit bringen wollte.

Nachdem alle Verteidiger auch der anderen Angeklagten, wie des Kammerdieners Jakob Nebel, gesprochen hatten, zogen sich die Geschworenen zurück und fällten nach 90 Minuten Beratungszeit das Urteil über Adele Spitzeder und ihre Mitangeklagten: »Schuldig!«

Als der Staatsanwalt eine Zuchthausstrafe von vier Jahren für die Spitzeder beantragte und das Gericht sich zur Beratung zurückziehen wollte, sank Adele seitwärts auf die den Richtertisch umgebende Estrade, »stützte sich mit dem Arm

Zwei Finanzbetrüger der modernen Zeit

Adele Spitzeder gilt vielen als Erfinderin des Schneeballsystems, das einige Nachahmer fand:

Das Schneeballsystem des Charles Ponzi:
Charles Ponzi (1882–1949) verließ 1903 sein Heimatland Italien und wanderte in die USA aus. Bereits mehrmals vorbestraft, gründete er 1920 die Securities Exchange Company, die Geld von Kunden in Wertpapiere investierte. Ponzi versprach seinen Anlegern 30 Prozent in 45 Tagen oder eine Verdopplung in 90 Tagen. Scharenweise kamen die Menschen, so dass es Geldnachschub gab und Ponzi auszahlen konnte. Er wurde reich, schuf aber keinen wirtschaftlichen Gewinn mit den Einlagen. Schließlich brach das System zusammen und das Geld war weg. Ponzi kam ins Gefängnis. Sein Schneeballsystem wurde in der Folgezeit Ponzi-System genannt. Etwa 40 000 Kunden hatten ihm ihr Geld gebracht. Von den rund 15 Millionen Dollar waren zum Schluss nur mehr 1,5 Millionen vorhanden. Das Geld der Kunden lagerte auf dem Fußboden, in Schubladen und Körben. Nach mehreren Jahren Haft versuchte sich Ponzi – wiederum betrügerisch – als Grundstücksverkäufer, wurde 1925 nochmals inhaftiert und danach in sein Heimatland Italien abgeschoben. Dort arbeitete er zunächst als Übersetzer, bis er von Mussolini die Leitung der italienischen Fluggesellschaft in Brasilien übertragen bekam (1939–1942). Anschließend hielt er sich mit verschiedenen Jobs über Wasser und starb schließlich verarmt in Rio de Janeiro, wohl an einem Hirnschlag.

Der Betrugsskandal des Bernhard L. Madoff
Bernard Madoff (1938–2021), von vielen nur Bernie genannt, war ein bekannter Finanz- und Börsenmakler sowie Anlagebetrüger in den USA. Zunächst als Vorsitzender der Technologiebörse NASDAQ hoch angesehen, wurde 1999 sein Anlagebetrug aufgedeckt, jedoch von

der US-Börsenaufsichtsbehörde SEC jahrelang ignoriert. Erst Ende 2008 verhaftete man Madoff wegen Betrugs, weil er über Jahre hinweg einen angeblichen Investmentfonds nach dem »Ponzi-System« betrieben hatte. Als einer der Kunden mehrere Milliarden seiner Einlagen zurückhaben wollte, brach Madoffs weltweites System zusammen. Es war ein Schaden von mindestens 65 Milliarden Dollar entstanden. Im April 2009 betraf der weltweite Betrugsfall 3 Millionen Menschen direkt oder indirekt. Rund 300 Anwaltskanzleien und 45 000 Anwälte waren nun damit befasst. Madoff wurde 2009 zu 150 Jahren Haft verurteil. Manche der Geschädigten nahmen sich das Leben. 2010 wurde auch sein Sohn Mark tot aufgefunden. Bernard Madoffs eigener Selbstmordversuch – gemeinsam mit seiner Ehefrau Ruth – konnte noch vor seiner Verhaftung verhindert werden. Ruth brach schließlich den Kontakt zu ihrem Ehemann ab und Madoff starb 2021 im Haftkrankenhaus an einem Nierenleiden.

(Quellen: Julian Nebel, Adele Spitzeder, S. 156; Wikipedia, Artikel »Bernard L. Madoff«.)

auf dieselbe und bedeckte das Gesicht mit der Hand. Nach einer Weile, da sie in dieser Stellung regungslos verblieb, eröffnete ihr der Präsident, wenn sie zu sehr angegriffen sei, um weiter der Verhandlung zu folgen, könne sie den Saal verlassen, und werde ihr dann das Urtheil zugestellt werden. Darauf erhob sie sich denn auch, schritt langsam die Treppen (...) hinauf, an dem Gerichtstische vorüber der (...) aus dem Saale führenden Thüre (...) zu, sank unter derselben zusammen und wurde durch einen Gerichtsboten aufgefangen, der sofort hinter ihr die Thüre schloß.«

Das Gericht zog sich nun ebenfalls zurück und verkündete nach 90 Minuten Beratung das Urteil: Adele Spitzeder erhielt eine dreijährige Zuchthausstrafe, Rosa Ehinger und Jakob Nebel bekamen je eine sechsmonatige, Maria Pregler eine viermonatige und Georg Pregler eine einmonatige Gefängnisstrafe. Da den Mitangeklagten die Untersuchungshaftzeiten angerechnet wurden, konnten diese, bis auf Maria Pregler, die noch 14 Tage absitzen musste, den Gerichtssaal als freie Menschen verlassen.

Viele hatten sich an Adele Spitzeder und ihrer »Dachauer Bank« bereichert, konnten jedoch nicht belangt werden. Um ein Vielfaches mehr hatten Hab und Gut verloren, konnten jedoch nicht mehr entschädigt werden. Von Selbstmorden infolge des Geldverlustes erfahren wir in den gerichtlichen Verhandlungen nichts, es wird allerdings in der (schönen) Literatur hie und da davon berichtet, ohne genaue Hinweise anzuführen.

PRESSESTREIT UND ÖFFENTLICHE MEINUNG

Begleitet wurden der Aufstieg der »Dachauer Bank« und ihr Fall sowie der Strafprozess gegen Adele Spitzeder von einer veritablen Presseschlacht. Gibt man in das digitale Zeitungsportal der Bayerischen Staatsbibliothek den Suchbegriff »Adele Spitzeder« ein, so erhält man 4684 Treffer. Die meisten erhaltenen Zeitungsartikel erschienen dazu in den Jahren 1872 – und natürlich 1873 als Prozessberichte.

Vor allem die »Neuesten Nachrichten« führten den Kampf gegen die Schwindelbank der Spitzeder in der Zeitungsbranche an. Heftig dagegen hielten die von Adele »gekauften« Zeitungen bzw. Journalisten und auch die als ultramontan (traditionell katholisch orientierte) bekannten Blätter, wie die »Augsburger Postzeitung« als führendes Organ des Katholizismus in Bayern. Adeles journalistischer Hauptfeind war der Chefredakteur August Napoleon Vecchioni bei den »Neuesten Nachrichten«.

Adele wiederum setzte auf eine mit Geld gezielt beeinflusste Presse: Sie bestach Journalisten, die dann wohlwollende bis jubelnde Artikel über sie und ihr Unternehmen veröffentlichten, z. B. in der »Münchner Volkszeitung« des Redakteurs Marchner. Dieses »Prachtexemplar des journalistischen Gaunerthums«, wie »Der Bayerische Landbote« vom 22. Juli 1873 Marchner bezeichnete, äußerte in einem Brief an Adele Spitzeder, »daß er sich glücklich fühlen würde, wenn er dem Fräulein die Schuhe putzen dürfe.«

Im Prozessverlauf gab der Herausgeber des »Bayerischen Landboten« an, dass Spitzeder die Zeitung für 8000 bis 10 000 Gulden kaufen wollte, um nach ihren Worten ein »Anzeigenblatt« daraus zu machen. Ein anderer Zeuge sagte aus, dass sie in ihrem Blatt Annoncen gegen die Spitzeder nicht befördern sollten. Der befragte Journalist Josef Keller aus Augsburg schrieb einen Artikel mit dem Titel »Veritas«, der in vielen ultramontanen Provinzblättern veröffentlicht wurde, und bekam dafür 450 Gulden von Adele. Dr. Faist, der ehemalige Redakteur des »Tagblattes«, gab zu Protokoll, dass er zwar 100 Gulden monatlich von ihr erhielt, sich aber völlig freie Hand ausbedungen hatte und sich später dennoch »genötigt« sah, »Artikel, welche Spitzeder und ihr Geschäft verherrlichten«, zu drucken. Andere Artikel, die er ihr vorlegte, die aber nicht ihre Zustimmung fanden, zerriss sie einfach.

Dieser sogenannte Zeitungsskandal der Jahre 1872/73 bekam bald eine zusätzlich gesellschaftspolitische Note, denn »Das Bayerische Vaterland« des Johann Bapstist Sigl, als Hauptgegner der »Neusten Nachrichten«, parierte am 17. Februar 1872 deren Kritik an dem Spitzederschen Geldgeschäft mit dem Hinweis, dass dadurch »den jüdischen Geldwucherern und Blutzapfern das Handwerk gründlich gelegt« werde. In der Folgezeit wurden die antisemitischen Töne immer aggressiver, wenn der »Volksbote« im April 1872 von »Judengeschmeiß« sprach, das angeblich hinter diesen kritischen Artikeln stehe. Sollte die Polizei gegen Adele Spitzeder und ihre »Dachauer Bank« der »kleinen Leute« vorgehen, dann werde es zu einem gewaltsamen Ausbruch kommen, sagte Sigl in »Das Bayerische Vaterland« voraus. Ein Leser aus Regensburg schrieb im November 1872 an die Zeitung, bezugnehmend auf das 16. Jahrhundert und die geschehene gewaltsame Judenvertreibung aus der Regensburger Reichsstadt: »O, ein 1519 – damals wurde die ganze Sippschaft hier ausgehauen – wünscht man hier allgemein.«

Aber auch andere wurden als Weltverschwörer und Unheilbringer ausgemacht: neben den Juden, die Freimaurer, die Preußen und die liberalen Politiker. Denn diese hätten die

Im Gefängnis in der Münchner Baaderstraße saß Adele Spitzeder ihre dreijährige Haftstrafe ab.

Abschaffung der Wuchergesetze betrieben und damit der Spekulation Tür und Tor geöffnet. Der »Volksbote« vom 8. November 1872 forderte daher: »Jagt Juden und Preußen aus, vermindert die Steuern, beugt der zunehmenden Theuerung vor und rettet Bayern aus den Fängen des nordischen Adlers, denn eher noch soll Frln. Spitzeder als die Preußen unser Geld haben.« In seinem Aufsatz über den »Fall der Adele Spitzeder« setzt sich Dirk Schuhmann ausführlich mit diesen politischen Aspekten in der öffentlichen Meinung auseinander.

GEFÄNGNIS UND HAFTZEIT

Erschöpft kehrte Adele Spitzeder nach der Verurteilung zurück in die »Ruhe (der) Gefängniszimmer«, so drückte sie es aus, wo ihr »treuer und uneigennütziger Freund«, ihr Hund Daisi auf sie wartete. Adeles neuer Rechtsanwalt Dr. Will legte auf ihren Wunsch hin Revision ein, der jedoch nach vierstündiger Verhandlung nicht stattgegeben wurde, und so trat schließlich am 9. September 1873 das Urteil des Schwurgerichts in Kraft.

In den folgenden Wochen und Monaten verschlimmerte sich Adeles Gesundheitszustand zusehends, so dass sie aufgrund ärztlicher Atteste mit königlicher Zustimmung in ihrem bisherigen Gefängnis bleiben durfte; ihr Gesuch um Haftverkürzung wurde allerdings abgelehnt.

In ihrem »stillen Gemach« fehlte es der Kranken nie »an Fürsorge und guter Pflege«, sie wurde von allen »mit Achtung« behandelt und mit »Fräulein« angesprochen. »Im übrigen behielt ich mein eigenes Bett, Waschservice sowie auch meine eigene Kleidung. Niemals während meiner ganzen Gefangenschaft kam ich mit anderen Gefangenen in Berührung«, führte sie in ihren Erinnerungen zufrieden aus, und fuhr fort, die meiste Zeit »verbrachte ich meines leidenden Zustandes halber im Bette (...) Meine Beschäftigung durfte ich ganz meinem Geschmacke entsprechend wählen, die Zumutung, wie andere Gefangene zu arbeiten, wurde mir niemals gemacht.« So malte sie Blumenaquarelle und später Ölbilder, übersetzte italienische und englische Literatur ins Deutsche und wurde sogar wegen ihrer Sprachkenntnisse offiziell beauftragt, Briefe und Aussagen anderer Straffälliger vom Italienischen ins Deutsche zu übertragen.

Auf diese Weise lebte Adele Spitzeder, zwischen kranken und gesunden Zuständen schwankend, recht komfortabel in ihrem Haftlokal. Sie machte sich Notizen zu ihren später veröffentlichten Erinnerungen – eine Anregung ihres Arztes, um die Depressive von ihrer Lage etwas abzulenken.

»Mit Tränen hatte mir das Hauspersonal des Gefängnisses Lebewohl gesagt.«

10 Adele ist wieder in Freiheit

HAFTENTLASSUNG UND KURAUFENTHALT

Nach insgesamt drei Jahren Gefängnis und zehn Monaten Untersuchungshaft kam Adele Spitzeder im frühen Herbst 1876 wieder in Freiheit. Es war ein rührseliger Abschied, wie es ihren Memoiren zu entnehmen ist, denn »die Gefangenenwärter, die Frau und die Tochter des Verwalters« nahmen »tränenden Auges« von Adele Abschied – und da bemerkte sie auch, »daß man sich sogar an ein Gefängnis gewöhnen kann«, denn sie »schied weinend aus diesem doch so traurigen Hause.« Sie verließ das Gefängnis schweren Herzens, »denn selbst diese Räume waren mir, ich möchte fast sagen lieb geworden, schon aus dem Grunde, weil ich nur gute Menschen darin kennengelernt und nun zurücklassen mußte.«

Vor den Gefängnistoren wurde Adele von vielen ihrer Gläubiger »mit Tränen der Freude« in Empfang genommen, kein Wort des Vorwurfs wurde laut – wohl auch aus Mitleid, weil sie »ein Bild des Elends« bot. Sie konnte sich nur mühsam mit Hilfe von Krücken fortbewegen, da ein Bein fasst völlig gelähmt war und sie daher in den bereitstehenden Fiaker gehoben werden musste.

Adele bezog eine Wohnung in der Residenzstraße im dritten Stockwerk bei einer Landgerichtswitwe, die ihr »ein Bekannter« besorgt hatte. Als Hilfe, Pflegerin und Gesellschafterin trat Marie Ridmayer in ihre Dienste. Adeles Halbbruder hatte sie engagiert. Nunmehr ziemlich auf sich allein gestellt, krank und mit nur wenig Einkommen – die monatliche Unterstützung von 50 fl. seitens ihrer inzwischen verstorbenen Mutter floss jedoch weiter, ebenso der Restteil einer früher vermachten Jahresrente –, sah Adele ihre Zukunft »in einem keineswegs rosigem Lichte«. Zumindest brachten ihre 1878 veröffentlichten Memoiren zusätzlich noch etwas Geld ein.

MLLE. ADELE SPITZEDER, THE FAMOUS GERMAN BANKER.

»Fräulein Adele Spitzeder, die berühmte deutsche Bankerin«. – Zeichnung im US-amerikanischen Nachrichtenmagazin Harper's Weekly, 1873.

Zunächst musste Adele aber ihre Gesundheit wiederherstellen. Auf ärztlichen Rat hin reiste sie zu einer Kur ins damals bekannte Wildbad im Schwarzwald. Die finanziellen Mittel dafür erhielt sie von ihren früheren Gläubigern, die sie bedrängten, wiederum Geld anzunehmen. Einige ihrer vormaligen Einleger waren wohlhabend geworden, da sie ihr Geld noch vor dem Bankrott der »Dachauer Bank« zurückbekommen hatten, und nun dachten diese, es könne wieder so weitergehen.

In Wildbad hielt sich Adele, zunächst inkognito unter dem Namen Theodora Vio, mit ihrer Pflegerin Marie elf Monate auf. Dann war sie geheilt, konnte wieder laufen und auch ihr »wiederkehrendes Kopfleiden« hatte sich verflüchtigt.

THEATERENDE UND GELDGESCHÄFTE

Nun fühlte Adele sich kräftig genug, um ihr vormaliges Bühnenleben wiederaufzunehmen. Als dramatische Schauspielerin wollte sie auf die Theaterbretter zurückkehren. Ein erstes Engagement schloss sie mit Direktor Damm am Tivolitheater in Altona ab, wohin sie am 9. August 1877 von Wildbad aus abreiste. Jedoch stand dieser Plan unter keinem guten Stern: Ein Teil der Hamburger Presse breitete genüsslich Adeles Vergangenheit in ihren Blättern aus, worauf sie erneut erkrankte und sich weigerte aufzutreten. Auch das folgende Engagement in Berlin endete, ohne dass sie die Bühne betreten hatte. Man wies die Spitzeder einfach polizeilich als unerwünschte Person aus. Zunächst reiste sie nach Brandenburg, dann nach Frankfurt am Main, wo sie ebenfalls nicht willkommen war. Schließlich kam sie über Stuttgart wieder in München an. Sie war etwa sechs Monate ohne Erfolg unterwegs gewesen. Von ihrer geplanten Rückkehr auf die Theaterbühne blieb nur das sogenannte Spitzeder-Pfeiferl, das in Altona vorsorglich bereits verkauft worden war, um Adele während ihres Auftritts auszupfeifen, dann aber nicht zum Einsatz kommen konnte.

Als Schauspielerin Geld zu verdienen, war Adele nicht gelungen. Um ihren Unterhalt zu bestreiten, bot sich wiederum eine altbekannte Geldquelle an. In ihren Lebenserinnerungen heißt es dazu: »Die nämlichen Leute, welche beim Zusammensturz der ›Dachauer Bank‹ soviel verloren hatten, die mir nach meiner Entlassung aus dem Gefängnisse wiederum Geld gegeben hatten, um die Kosten einer Badekur bestreiten zu können, sie gaben mir wiederum Geld, als sie hörten, daß die Polizei mir nicht gestattet hatte, mein Brot als Künstlerin zu verdienen.« Und so begann ein kleines Darlehensgeschäft von neuem, das allmählich wieder zu einem beträchtlichen Umfang anschwoll.

Am 13. Februar 1880 wurde Adele Spitzeder samt ihrer Gesellschafterin Marie Ridmayer von der Polizei verhaftet und befragt, denn sie betrieb laut Polizeibehörde das Geldgeschäft in der Rumfordstraße, wo sie inzwischen wohnte, »in ziemlich schwunghafter Weise«. Von angeblich mehreren 100 000 Mark wurde gemunkelt. Nach Julian Nebels Angaben beschloss allerdings die Staatsanwaltschaft, »dass alle, die nun dumm genug waren, ihr Geld wieder Adele Spitzeder anzuvertrauen, keinen staatlichen Schutz genössen.« So wurden Adele und Marie wieder freigelassen.

KOMPONIEREN UND DEKLAMIEREN

Adele besann sich nun ihrer anderen Talente und machte Musik. Sie komponierte – nach eigenen Angaben – schon länger und intensivierte nun ihre diesbezüglichen Anstrengungen. Bereits während ihres Kuraufenthaltes in Wildbad fing sie auf Anraten ihres Arztes wieder damit an. In Adeles Erinnerungen heißt es dazu: »Da ich von jeher für Musik geschwärmt, mich auch im Komponieren mit Erfolg versucht hatte, so empfahl mir Hofrath Dr. Renz, mich auch damit zu beschäftigen. Ich mietete mir deshalb ein kleines Pianino und fing an, wie früher Kompositionsversuche zu machen, zu meiner größten Freude nach und nach mit durchgreifendem Erfolge.« Nach ihren Worten gefielen ihre Kompositionen und wurden vom Kurorchester zu Gehör gebracht.

So entstanden mit der Zeit »über 70 Piecen nebst einer Operette«. Vier Kompositionen wurden angeblich von einem

Leipziger Buchhändler gedruckt. Leider ist von den Spitzederschen Musikstücken keines mehr erhalten.

Nach dem endgültigen Scheitern ihrer Schauspielerinnenlaufbahn fasste Adele also den Entschluss, »keine Bühne mehr zu betreten, sondern mich ganz und gar der Musik zu widmen und mich von meinem Kompositionstalent, das von vielen Kapellmeistern anerkannt wurde, zu ernähren.« Wieder erhielt sie Geld von anderen, um ihre »Kompositionen instrumentieren und mit einer Kapelle erproben zu können.« Diese Proben fanden im Münchner »Café Aurora« mit der Kapelle »die Wittelsbacher« statt. Offenbar hatte die Polizei ein Auge auf Adeles Aktivitäten, denn sie befragte den Kaffeehausbesitzer umgehend, wer denn da dirigiert habe und ob dies womöglich eine öffentliche Veranstaltung mit Eintrittsgeldern gewesen sei. Adele beschwerte sich beim Polizeipräsidenten Freiherrn von Feilitzsch über diese Behinderungen ihres Musikschaffens, denn sie wollte mit ihren eigenen inzwischen 77 Kompositionen unter dem Künstlernamen »Adele Vio« Konzerte geben.

Adele schloss ihre Erinnerungen, die 1878 auf dem Buchmarkt erschienen waren, mit den Worten: »Im Begriffe, meine Konzertreise zu beginnen, bin ich bei einem neuen Abschnitte meines Lebens angelangt.« Dieser Lebensabschnitt, der noch bis 1896 währen sollte, war ausgefüllt mit Auftritten auf kleinen Bühnen als Diseuse bzw. Sängerin eigener Lieder. Sie deklamierte Gedichte und andere literarische Texte und versuchte sich zudem immer wieder im Geldgeschäft – alles mit mäßigem Erfolg.

»Viele Leser, ja ich darf sagen die meisten, werden die Ansicht einer großen Anzahl von Juristen teilen, daß meine Verurteilung nicht gerechtfertigt war.«

11 Adele stirbt und bleibt in Erinnerung

TOD UND GRABSTÄTTE

Mit obigen Worten beendete Adele Spitzeder 1878 ihre Memoiren – uneinsichtig und nach wie vor überzeugt von ihrer Unschuld bis zu ihrem Lebensende. Über ihr Sterben wissen wir wenig. Nach »schwerem Leiden« schloss ihr ein Herzversagen in der Nacht des 27. Oktobers 1895 in München für immer die Augen. Adele, nunmehr amtlich als Schriftstellerin bezeichnet, wurde 63 Jahre alt.

Ihre befragte Vermieterin Maria Weiß gab zu Protokoll, die Verstorbene habe von einer monatlichen Pension zu 61 Mark 79 Pfennig gelebt, »die sie von Herzog Max bezog.« Ob hier Herzog Max in Bayern (gestorben 1888) gemeint ist oder jemand anderer aus der königlichen Familie, bleibt unklar. Immerhin hatte Adeles Mutter Beziehungen zum Königshaus. Adele hinterließ »nichts als ganz wertlose Kleider«, daher bezahlte Weiß »die Leichenkosten aus eigener Tasche.«

Nun kam die Frage auf, ob Adele nicht doch ein Testament hinterlassen habe, denn noch zu Lebzeiten und als die »Dachauer Bank« aufblühte, wollte sie – nach eigenen Worten – ihren letzten Willen zugunsten ihrer Gläubiger ausfertigen lassen. Am 31. Oktober 1895 wurde dem Amtsgericht durch einen Notar bekanntgegeben, dass Adele seinem Vorgänger ein Testament vom 19. Juli 1871 zur Aufbewahrung übergeben habe und darin als Erbin ihre Mutter verzeichnet stehe. Nun bemühte sich die Vermieterin Maria Weiß, als Erbin anerkannt zu werden, weil Adeles Mutter bereits seit langem verstorben sei. In der Diskussion um Adeles Hinterlassenschaft kamen auch noch ihre Schulden von 4660 Mark plus Zins zu Tage, die Rechtsanwalt Levi dem Amtsgericht als Forderung seines

Mandanten bekanntgab. Allerdings hinterließ Adele nichts, was hätte verteilt werden können.

Die Nachforschungen hinsichtlich lebender Verwandtschaft der Adelheid Louise Antonie Spitzeder, wie sie offiziell hieß, führten zu einem noch lebenden Halbbruder Joseph, pensionierter Gerichtsschreiber. Dessen Ehefrau gab an, dass ihr Gatte nicht persönlich vorstellig werden könne, da er das Haus seit fünf Jahren und sein Zimmer seit einem halben Jahr wegen einer »Lähmung« nicht mehr verlassen habe. Außerdem bemerkte sie noch, der Verstorbenen sei die Führung des Namens Spitzeder »verboten gewesen«. Um sich zu vergewissern, fragte das Amtsgericht bei der königlichen Polizeidirektion nach, ob »Adele Spitzeder vor Jahren behördlich angewiesen wurde, sich der Führung des Familiennamens Spitzeder zu enthalten, weil die Ehe ihrer Eltern nicht anerkannt war, sie also den vorehelichen Namen ihrer Mutter Vio zu führen hatte.« Die Antwort wiederum lautete: »Adele Spitzeder wurde am 22. November 1880 zu Protokoll eröffnet, daß sie künftighin anstatt des ihr nicht zukommenden Namens ›Spitzeder‹ den Namen ›Vio‹ anzunehmen und zu führen habe.« Als Grund wurde genannt, dass die in Berlin 1831 geschlossene Ehe ihrer Eltern »ohne Bewilligung der zuständigen bayerischen Behörde« eingegangen worden sei, d. h. Joseph Spitzeder, geboren in Nürnberg, hätte gemäß den Verordnungen vom 12. Juli 1808 und vom 10. September 1825 über die »Ansässigmachung und Verehelichung« die Eheerlaubnis einholen müssen. Daher galt die gemeinsame Tochter Adele »als illegitim«. Allerdings hatte sich diese Gesetzeslage mit der Novelle vom 17. März 1892 geändert: Alle älteren Vorschriften waren damit hinfällig und die vormaligen Eheschließungen gültig. Nunmehr war Adele offiziell befugt, »den Namen Spitzeder« bis an ihr Lebensende zu führen.

Auf dem Alten Südlichen Friedhof wurde Adele Spitzeder allerdings anonym im Gräberfeld 18, Reihe 14, Platz 26 beerdigt. Der Magistrat der königlichen Haupt- und Residenzstadt München stellte am 9. November 1895 für ihre Beerdigung 33 Mark 92 Pfennig dem Amtsgericht in Rechnung. Der

Adele Spitzeder wird 1895 anonym auf dem Alten Südlichen Friedhof in München beerdigt. Auf dem vorhandenen Grabstein steht daher ihr Name nicht verzeichnet.

heutige Grabstein trägt den Namen »Schmid«; angeblich wurde Adeles Verwandtschaft eine Namensänderung gewährt.

LITERATUR UND NACHRUFE

Adele Spitzeder wurde ab der zweiten Hälfte des 20. Jahrhunderts bis heute immer wieder zur Hauptfigur literarischer Bearbeitungen. Ihre schillernde Persönlichkeit wurde nun in romanhaften Biografien, in Theaterstücken, Kriminalromanen, Dokumentationen und Verfilmungen verarbeitet.

Schon frühzeitig, am 12. Februar 1873, brachte das Königsberger Stadttheater eine Posse mit Gesang von Cäsar Beck mit dem Titel »Adele Spitzeder als Ehehinderniß oder Die aufgehobene Dachauerbank und der unterbrochene Kaffeeklatsch« auf die Bühne. Am bekanntesten wurden allerdings das Theaterstück von Martin Sperr »Die Spitzeder«, das 1977 uraufgeführt wurde, und das gleichnamige Fernsehspiel von 1972 mit Ruth Drexel in der Titelrolle. Im Jahre 2012 kam ein neuer Historienfilm mit dem Titel »Die Verführerin Adele Spitzeder« ins Fernsehen, und 1992 war bereits die Fernsehdokumentation des Bayerischen Rundfunks »Adele Spitzeder oder das Märchen von den Zinsen« von Hannes Spring gesendet worden.

Schon 1956 erschien Karl Weinbergers »Roman einer seltsamen Frau« mit einem Vorwort von Josef Martin Bauer, der als Erkenntnis formulierte: »Das Lächeln eines ganzen Volkes über sich selbst, nachdem es sich von einer Abenteuerin ohne Charme und Grazie um Geld und Urteilsfähigkeit betrügen ließ, ist (...) seitdem nicht erloschen, sondern höchstens etwas breiter und noch nachsichtiger zu einem Schmunzeln auseinandergeflossen, in dem so wenig Abscheu und so viel Verständnis weiterflackert (...) Es scheint, wenn wir das Phänomen Adele Spitzeder aus der Distanz (...) betrachten, immer noch keine andere Reue Platz gegriffen zu haben als die Reue derer, die eine versäumte Teilhaberschaft an solchem Geldstrom beklagen.«

Über 20 Jahre nach dem großen Bankskandal von 1872/73 erinnerten sich nur mehr die wenigsten an Adele Spitzeder. Einen kurzen Nachruf veröffentlichte allerdings die »Berliner Volks-Zeitung« am 30. Okt. 1895, drei Tage nach Adeles Tod, in ihrer Morgenausgabe, der einige Ungenauigkeiten enthält, aber dennoch hier zitiert werden soll: »Adele Spitzeder ist Montag Abend in München nach schwerem Leiden im tiefsten Elend gestorben. Mit Adele Spitzeder ist eine der berüchtigsten Persönlichkeiten Baierns aus dem Leben geschieden. Ihr Name tauchte zu Anfang der siebziger Jahre zum ersten Male auf. Sie war Schauspielerin in München, jedoch künstlerisch

Verkaufte Literatur

Als Zeuge im Strafgerichtsprozess 1873 wurde auch »Postexpeditor Rödl« aus Augsburg befragt. Er sprach »zuerst unter steigender Heiterkeit sehr viel und rasch über seine vortrefflichen Leistungen auf dem Gebiete der Novellistik und Dramaturgie, mit denen er glänzende Erfolge errungen«, und gab endlich an, »eine Posse ›Pro et contra oder eine Heirath durch die Dachauerbank‹, sowie eine Novelle ›ein Verbrecher aus verlorener Ehre‹ an Adele verkauft und dafür und durch den Buchhalter Fuchs die Summe von 495 fl. erhalten zu haben.«

(Quelle: »Straubinger Tagblatt« vom 23. Juni 1873.)

so wenig begabt, daß sie fast gar keine Beachtung fand. Aber mit einer gewissen Bauernschlauheit ausgestattet, geriet sie auf den Gedanken, die damalige große Hausse (gemeint ist der wirtschaftliche Aufschwung) zu benutzen und (...) eine sogenannte ›Volksbank‹ zu begründen. Sie versprach ungeheure Verzinsung für Geldeinlagen (...) und so hatte ihre Bank – bekannt als Dachauer Bank – ganz enormen Zulauf. Innerhalb kurzer Zeit erreichten die Einlagen gegen 8 ½ Millionen Gulden. Aber fast innerhalb derselben kurzen Zeit (musste) die Bank, oder vielmehr Adele Spitzeder, Konkurs anmelden. Sie wurde 1873 wegen betrügerischen Bankerotts zu drei Jahren Zuchthaus verurteilt. Nach Abbüßung ihrer Strafe schon wenige Jahre später begann sie noch einmal Geschäfte im Stil der Dachauer Bank zu machen (...) und zwar mit dem Gelde der Bauern, die trotz der traurigen Erfahrungen ihr unentwegtes Vertrauen entgegen gebracht haben (...)« Adele Spitzeders Name, ihr Handeln, ihr Nimbus bekam, nach Bauer, »hinterher die Züge des Märchenhaften, dem jene enttäuscht nachstöhnten, die nicht Gelegenheit gefunden hatten, enttäuscht zu werden oder aber das Spiel erfolgreich mitzuspielen.«

Christine Spöcker hob im Vorwort zu ihrem Stück »Über das ›Geldmensch‹ Adele Spitzeder« 1973 den feministischen

Aspekt hervor: »So bewahrte sie ihre männliche Disposition vor dem typischen Frauenschicksal ihrer Zeit, an Haus, Hof und Kindsbett gekettet zu sein. Das ledige Fräulein mußte seine Existenz selbst berappen. Was an Männergunst ihr fehlte, mußte sie selbst an Männlichkeit ersetzen und so wurde sie, wie weit und breit damals keine Frau war (…) Existenzbestreitung ohne männliche Protektion, das war lupenreine, schmerzhafte Emanzipation (…) Da ihr die Lösung einer Heirat verbaut war, mußte sie die Gefährnisse des Berufskampfes durchstehen. Am Ende stand nicht das Idealbild einer Emanzipierten, eher das Gegenteil, eine von Enttäuschungen verhärtete Jungfer (…)«

Letztlich jedoch reüssierte Adele Spitzeder mit ihrer »Dachauer Bank« – und bezeichnenderweise auch noch nach deren Enttarnung und Zusammenbruch – hauptsächlich aufgrund von Unwissenheit auf Seiten ihrer »Anlegerinnen« und »Anleger«, aber ebenso auch aufgrund von menschlicher Dummheit und Gier sowie dem Wunsch nach einem Geldregen ohne Arbeit.

Anhang

ZEITTAFEL

1804	Napoleon Bonaparte wird Kaiser von Frankreich.
1806	1. Januar: Bayern wird Königreich – König Maximilian I. Joseph.
1808	Aufhebung der Leibeigenschaft in Bayern; erste Konstitution.
1812	Russlandfeldzug Napoleons. – 30 000 Bayern waren daran beteiligt und fanden größtenteils den Tod.
1813–15	Freiheitskriege: Ende der französischen Vorherrschaft unter Napoleon Bonaparte.
1814	Stevenson baut in England die erste Lokomotive – 27 Jahre später baut Borsig Lokomotiven in Deutschland.
1815	Wiener Kongress: Neuordnung Europas; Beginn der »Restauration« unter Metternich.
1815–48	Literarische Biedermeierzeit: Ideal der heilen, harmonischen und poetischen Welt.
1817	Sturz des leitenden Ministers Montgelas in Bayern.
1818	26. Mai: Bayerische Verfassung: Zwei Kammern erhalten das Steuerbewilligungsrecht und Anteil an der Gesetzgebung.
1818	Gründung der »Allgemeinen Deutschen Burschenschaft«.
1818	Karl Marx wird geboren
1821–29	Griechischer Freiheitskampf gegen die Türken.
1825–48	König Ludwig I. von Bayern; Klassizismus und Romantik in Bayern.
1825	Erste deutsche Technische Hochschule in Karlsruhe.
1830	Französische Julirevolution: »Bürgerkönige«. Polen erhebt sich erfolglos gegen Russland.
1832	9. Februar: Adele Spitzeder wird in Berlin geboren. 22. März: Hambacher Fest: Politische Demons-

	tration für ein einheitliches Deutschland und eine republikanische Verfassung.
	Der bayerische Prinz Otto wird König von Griechenland. – Familie Spitzeder zieht nach München.
1833	Gauß und Weber bauen ersten Telegraphen.
1834	Deutscher Zollverein: Beseitigung der Binnenzölle; Schaffung eines einheitlichen Marktes.
1835	Erste deutsche Eisenbahnlinie Nürnberg–Fürth.
1837–1901	Regierung Königin Viktorias von Großbritannien (viktorianische Zeitalter).
1839	Eröffnung der Bahnlinie München–Augsburg.
1840	Adele besucht die Schule in Wien.
1843	Gründung von Ludwigshafen am Rhein, das zum Industriezentrum wird.
1847	»Das Kommunistische Manifest« von Karl Marx wird publiziert.
1848	März: Revolution in Deutschland; Paulskirchen-Parlament (scheitert noch im selben Jahr). Lola-Montez-Affäre führt zur Abdankung König Ludwigs I. von Bayern. Nachfolger wird Maximilian II.
1848–50	Adele besucht ein Pensionat für höhere Töchter in München.
um 1850	»Industrielle Revolution« in Deutschland in voller Blüte; der Wirtschaftsliberalismus (nach Adam Smith 1723–90) setzt sich durch; es entstehen zwei neue gesellschaftliche Gruppen: der kapitalbesitzende Unternehmer (Kapitalist) und der besitzlose Arbeiter (Proletarier) – »Gründerzeit« (bis 1873).
1851	Londoner Weltausstellung – Crystal Palace (Kristallpalast).
1852	Napoleon III. wird Kaiser der Franzosen (bis 1870).
1854–56	Krimkrieg: Russland wird bei Sewastopol 1854/55 geschlagen; das Schwarze Meer wird neutral.
1854	Erste deutsche Industrieausstellung in München.

1857 Adeles erstes Engagement als Schauspielerin in Coburg.

1858 Deutsche Kunstausstellung in München.

1859 Charles Darwin begründet die Evolutionstheorie.

1859–61 Italienischer Einigungskrieg: Viktor Emanuel ist König von Italien.

1861–65 Abraham Lincoln ist Präsident der Vereinigten Staaten von Amerika.

1861–88 Wilhelm I. ist König von Preußen.

1862–65 Amerikanischer Bürgerkrieg (Sezessionskrieg).

1863 Abschaffung der Sklaverei.

1863 Allgemeiner Deutscher Arbeiterverein gegründet (Lassalle): allgemeines Wahlrecht und staatliche Kontrolle der Wirtschaft, Gründung von Produktivgenossenschaften.

1864 Internationale Arbeiterassoziation (Marx): Verbindung der Arbeiterklasse gegen die Kapitalisten. Krieg Österreichs und Preußens gegen Dänemark. Ludwig II. wird König von Bayern.

1865 Allgemeiner deutscher Frauenverein (ADF) auf einer ersten Frauenkonferenz in Leipzig gegründet; Beginn der Frauenbewegung in Deutschland.

1866 Krieg Preußens gegen Österreich und Bundesgenossen (wegen Schleswig und Holstein); Bayern schließt nach der Niederlage an der Seite Österreichs ein Schutz- und Trutzbündnis mit Preußen.

1867 Siemens entdeckt das dynamo-elektrische Prinzip (Dynamo).

1867 Beginn der Doppelmonarchie Österreich-Ungarn (Personalunion). Der Norddeutsche Bund entsteht: Preußen annektiert Hannover, Kurhessen, Nassau und Frankfurt.

1868 Gründung der Technischen Hochschule in München.

1868 Adele beendet ihre Schauspielkarriere.

1869 Gründung der Sozialdemokratischen Arbeiterpartei in Eisenach durch Wilhelm Liebknecht und

	August Bebel: vereinigt sich 1875 mit den Anhängern Lassalles; formiert sich 1890 als Sozialdemokratische Partei Deutschlands (SPD). Deutsches Handelsgesetzbuch. Einweihung des Suezkanals.
1870	Rom wird Hauptstadt Italiens. Erstes Vatikanisches Konzil; Unfehlbarkeit des Papstes; Ende des Kirchenstaates.
1870/71	Deutsch-Französischer Krieg: »Emser Depesche« als Kriegsanlass; bei Sedan Gefangennahme Napoleons III.; in Frankreich wird die Dritte Republik ausgerufen; Gründung der Pariser Kommune; Hungersnot in Paris beendet den Krieg. Bayern beteiligt sich am Krieg gegen Frankreich.
1871	18. Januar: Deutsche Kaiserproklamation in Versailles: Gründung des Deutschen Kaiserreiches; Kaiserbrief König Ludwigs II. von Bayern.
1871–73	»Gründerzeit« mit dem Baustil des Historismus (bis weit ins 20. Jh. hinein).
1871	Blütezeit der »Dachauer Bank« von Adele Spitzeder.
1872	Eröffnung der »Münchner Volksküche«.
1872	November: Ende der »Dachauer Bank«.
1873	Mai: Börsenkrach und Gründerzeitkrise: Wirtschaftsstagnation hält 20 Jahre lang an.
1873	20. Juli: Adele Spitzeders Prozess vor dem Münchner Schwurgericht beginnt. – Sept: Adele Spitzeder tritt ihre Zuchthausstrafe wegen betrügerischen Bankrotts an.
1876	Eröffnung der Bayreuther Festspiele.
1876	Herbst: Adele Spitzeder ist wieder in Freiheit.
1877	Königin Viktoria von Großbritannien wird Kaiserin von Indien.
1878	Adele Spitzeders Memoiren veröffentlicht.
1878–90	Sozialistengesetz: Bismarck unterdrückt bzw. verbietet damit die sozialistischen Vereinigungen.

1883/84/89	Bismarcks Sozialgesetzgebung befasst sich mit Krankheit, Unfall, Alter und Invalidität.
1884–85	Gründung von deutschen Kolonien.
1886	Tod König Ludwigs II. von Bayern im Starnberger See; sein psychisch kranker Bruder Otto I. wird König (bis 1913); Ottos Onkel Luitpold regiert an seiner Stelle als Prinzregent (bis 1912).
1888	Tod Kaiser Wilhelms I. und seines Nachfolgers Kaiser Friedrichs III.
1888–1918	Regierungszeit Kaiser Wilhelms II.
1889	Pariser Weltausstellung (Eiffelturm).
1889	Uraufführung des naturalistischen Dramas »Vor Sonnenaufgang« von Gerhart Hauptmann (Beginn der Moderne im Theater).
1890	Sturz Bismarcks.
1892	Rudolf Diesel erfindet den Dieselmotor.
1895	Cinematograph der Brüder Lumière.
1895	Tod Adele Spitzeders.
1900	Erstveröffentlichung des Bürgerlichen Gesetzbuches.

VERZEICHNIS DER QUELLEN UND LITERATUR

Archivalien (ungedruckt)

Bayerisches Hauptstaatsarchiv München

- MJu 13217 (Ministerielle Einschätzung des Spitzederschen Geldgeschäftes)
- Minn 30 981/21 u. 30 981/22 (Bericht des Innenministers v. Zwehl)

Staatsarchiv München

- Amtsgericht München I A, Nr 1895/3073 (Verlassenschaft Adele Spitzeder; Testament betr.; Namensänderung betr.)
- LRA Nr. 101 115; Nr. 125 459 (Forderungen nach Bezirksämtern Oberbayern)
- Landgerichte 2739 (Masseverwaltung Gant); 2740 (Masseverwaltung Gant, Forderungen); 2741 (Edictalladung v. 31. Dez. 1872); 2742 (Gant und Forderungen); 2744 (Spitzedersche Kinder betr.; Verlassenschaft des Vaters); 2772, 2 (Spenden); 2773 (Forderungen); 2791 (Vermögensübersicht); 2797 (Verlassenschaft Betty Spitzeder); 2820, Zif. 40 (Schätzungsprotokoll des Konkursverwalters)
- OLG München, Urteilsbücher Nr. 25, Urteil Nr. 174
- Pol. Dir. München 4542 (Berichte des Münchner Polizeidirektors); 4642 (Details der polizeilichen Maßnahmen; Bericht vom 1.2.1880)

Stadtarchiv München

- Personalmeldebogen Adelheid Spitzeder/Vio

Zeitungsartikel

digiPress – Das Zeitungsportal der bayerischen Staatsbibliothek; mit dem Suchbegriff »Adele Spitzeder« erhält man 4684 Treffer; davon eingesehen:

- (Augsburger) Allgemeine Zeitung v. 14.11.1872
- Augsburger Postzeitung v. 27.2.1872, 28.2., 2.3., 5.3., 9.8., 12.8., 13.8., 16.8., 23.8., 21.10., 31.10., 14.11, 18.11, 28.11.1872, 30.11.1872
- Bayerischer Kurier v. 8.11., 10.1., 11.11., 18.11.1872
- Bayerischer Landbote v. 23.5., 25.5., 26.5.1871

– Bayerisches Vaterland v. 1.1., 17.2., 24.2., 25.2., 29.2., 1.3., 3.3., 10.3, 19.4., 25.10, 31.10., 8.11., 12.11., 15.11., 16.11., 17.11., 20.11. 1872
– Berliner Volks-Zeitung v. 30. Okt. 1895, Morgenausgabe: † Adele Spitzeder (Nachruf)
– Donau-Zeitung v. Nov./Dezember 1872
– Fränkischer Anzeiger v. 18. Juli 1873
– (Münchner) Neueste Nachrichten v. 21.5., 4.6.1871; 24.1., 14.2., 17.2., 18.2., 20.2., 21.2., 23.2., 28.2., 1.3., 2.3., 10.3., 5.4., 1.11., 13.11., 27.11, 30.11.1872; v. 15.7. bis 23.7.1873 (Prozessberichterstattung)
– Regensburger Tagblatt, Beilage zu Nr. 194
– Volksbote v. 22.2., 9.4., 8.11., 12.11.1887

Quellen (gedruckt) und Literatur

Allgemeine Deutsche Biographie (ADB): Artikel Spitzeder, Joseph

Anonym: (Bericht von der) Schwurgerichtsverhandlung gegen Adele Spitzeder und Consorten vom 14.–20. Juli 1873. München 1873. (Digitale Bibliothek, DigitalisierungsZentrum der bayerischen Staatsbibliothek München).

Bachmann, Christoph: Die »Dachauer Bank« der Adele Spitzeder, in: Michael Farin (Hg.), Polizeireport München 1799–1999. München 1999, S. 64–77.

Bachmann, Christoph: Kriminalfälle (19./20. Jahrhundert), Artikel in: Historisches Lexikon Bayerns (online).

Bachmann, Christoph: Adele Spitzeder und ihre Dachauer Bank. In: Historisches Lexikon Bayerns (online).

Bauer, Josef Martin: Vorwort, in: Karl Weinberger, Adele Spitzeder, Roman. Frankfurt am Main 1956.

Beck, Cäsar: Adele Spitzeder als Ehehinderniß oder Die aufgehobene Dachauerbank und der unterbrochene Kaffeeklatsch. Königsberg 1873 (Posse mit Gesang in einem Akt).

Bosl, Karl: Bayerische Geschichte. München 1971.

Cebulla, Florian (Hrsg.): Gründerzeit und Reichsgründung. Braunschweig 2014 (Praxis Geschichte, Ausgabe 3/2014).

Christl, Joh. R. M.: Luftschlösser & Geld-Berge, Von Th. Humbert über Adele Spitzeder bis Wirecard eine Betrachtung über Luftgeld. Remscheid 2022.

Die Woch fangt guat o, Bayerische Wildschützen und Spitzbuben, gesammelt und dargestellt von Alois J. Weichslgartner, Helmut Zöpfl, illustriert von Rudolf Seitz. Starnberg 1970. Zu Adele Spitzeder, S. 17–20.

Eisenberg. Ludwig: Großes biographische Lexikon der deutschen Bühne im XIX. Jahrhundert. Leipzig 1903.

Fiedler, Teja: Mia san Mia, Die andere Geschichte Bayerns. München / Zürich 2014. Zu Adele Spitzeder, S. 240f.

Freiberger, Harald: Diese Frau hat den Betrug per »Schneeballsystem« groß gemacht. In: sueddeutsche.de (11. November 2017).

Freudenreich, Johanna: Bayerische Spitzbuben, Galerie der Goldmacher, Wilderer, Quacksalber und sonstigen Schurken von heute und Anno dazumal. München 1961. Zu Adele Spitzeder, S. 67-73.

Gerhard, Ute (Hsrg.): Frauen in der Geschichte des Rechts, Von der Frühen Neuzeit bis zur Gegenwart. München 1997.

Heubisch, Bhavya: Das süße Gift des Geldes, Roman. München 2020.

Jehle, Alfons: Rund um den Maischbottich, Altmünchner Geschichtsbilder von Brauern, Bräuerinnen und schönen Bräuerstöchtern. Regensburg 1949. Zu Adele Spitzeder, S. 66–69.

Karl, Michaela: Adele Spitzeder, Artikel in: Monacensia Literaturarchiv und Bibliothek (online).

Kleine Geschichte eines Großbetrugs oder die Ich-AG der Frau Spitzeder. In: spektrum.de (4. März 2020).

Klose, Dietrich/Jungmann-Stadler, Franziska: Königlich Bayerisches Geld, Zahlungsmittel und Finanzen im Königreich Bayern 1806–1918. München 2006.

Krafft, Sybille/Panzer, Marita A./Plößl, Elisabeth/Sommer, Karin: Frauenleben in Bayern, von der Jahrhundertwende bis zur Trümmerzeit. München 1993 (Bayerische Landeszentrale für politische Bildungsarbeit).

Laufer, Ulrike/Ottomeyer, Hans (Hrsg.): Gründerzeit 1848–1871, Industrie & Lebensträume zwischen Vormärz und Kaiserreich. Dresden 2008 (Begleitband zur Ausstellung im Deutschen Historischen Museum).

Lepsius, Susanne: Die privatrechtliche Stellung der Frau in Deutschland des 19. Jahrhunderts, Forschungsstand und Perspektiven, in: L'homme, Zeitschrift für feministische Wissenschaft, Jg. 14 (2003), Nr. 1, S. 110–123.

Meingast, Fritz: Berühmte und Berüchtigte, Bayerische Porträts. München 1971. Zu Adele Spitzeder, S. 131–138.

Nebel, Julian: Adele Spitzeder, Der größte Bankenbetrug aller Zeiten. München 2018.

Panzer, Marita A./Plößl, Elisabeth: Bayerns Töchter, Frauenporträts aus fünf Jahrhunderten. München 2015. – Darin: M. A. Panzer, Adele Spitzeder (1832–1895), Hochstaplerin und Bankrotteurin, S. 277–282. – Originalausgabe unter dem Titel »Bavarias Töchter«. Regensburg 1995.

Panzer, Marita A.: Clara Ziegler, Die letzte große deutsche Tragödin. München 2018 (edition monacensia).

Pleticha, Heinrich (Hrsg.): Deutsche Geschichte, Bd. 10: Bismarckreich und Wilhelminische Zeit 1871–1918. Gütersloh, Sonderausgabe 1987.

Prinz, Friedrich: Die Geschichte Bayerns. München TB 3. Aufl. 2003.

Puchta, Michael/Hofmann, Ulrike/Bachmann, Christoph: Adele Spitzeder, Ein Bankskandal erschüttert München. Begleitheft zur Ausstellung des bayerischen Hauptstaatsarchiv. München 2010.

Raffalt, Reinhard: Das Gold von Bayern. München 1966 (Komödie).

Rehn, Heidi: Tod im Englischen Garten. Köln 2007 (Hist. Kriminalroman).

Reiser, Rudolf: Glück und Ende einer dreisten Bauernfängerin. In: Süddeutsche Zeitung vom 17.10. 1991, Nr. 148, S. 45.

Schaehle, Franz: Abenteuerliche Schicksale auf bayerischem Boden. Altötting 1931. Zu Adele Spitzeder, S. 35–51.

Scheibmayr, Erich: Letzte Heimat, Persönlichkeiten in Münchner Friedhöfen 1784–1984. München 1985.

Schlenther, Paul: Der Frauenberuf im Theater. Berlin 1895.

Scholl, Fritz: Adele Spitzeder, ihre Dachauer Bank und Anderes. Dachau 1935 (Roman).

Schumann, Dirk: Der Fall Adele Spitzeder 1872, Eine Studie zur Mentalität der »kleinen Leute« in der Gründerzeit, in: Zeitschrift für bayerische Landesgeschichte (ZBLG) 58, 1995, S. 991–1025.

Spengler, Karl: Münchner Historien und Histörchen. München 1967. Zu Adele Spitzeder, S. 98–108.

Sperr, Martin: Die Spitzeder. Frankfurt am Main 1980 (Schauspiel).

Spindler, Max (Hrsg.): Handbuch der Bayerischen Geschichte, 4. Band (2. Teilband): Das neue Bayern 1800–1970. München 1979 (verbesserter Nachdruck).

Spitzeder, Adele: Geschichte meines Lebens, Stuttgart 1878. – Neudruck hrsg. v. Hermann Wilhelm. München 1996.

Spöcker, Christine: Das Geldmensch, Ein tragikomisches Stück über den kapitalistischen Exzeß der Adele Spitzeder, Bankfrau zu München, die 1872 durch Bankrott ihrer Dachauer Bank 30 860 Gläubiger ins Unglück trieb. Frankfurt am Main 1973 (Theaterstück mit Vorwort).

Spring, Hannes: Adele Spitzeder oder das Märchen von den Zinsen, Fernsehdokumentation, Bayer. Rundfunk 1992.

Statuten der ersten Münchener Volksküche von Adele Spitzeder (Monacensia Bibliothek München).

Steub, Ludwig: Die Dachauer Bank, Kleine Schriften, Bd. 4. Stuttgart 1875.

Strohmeyr, Armin: Geheimnisvolle Frauen: Rebellinnen, Mätressen, Hochstaplerinnen. München 2014.

Valentin, Hans E.: Adele Spitzeder, Der große Münchner Bankskandal des 19. Jahrhunderts. In: Bayerland 1971, Februar, S. 29–33.

Weber-Kellermann, Ingeborg: Frauenleben im 19. Jahrhundert. München 3. Aufl. 1991.

Weinberger, Karl: Adele Spitzeder, Roman einer seltsamen Frau. Frankfurt am Main 1956 (mit einem Vorwort von Josef Martin Bauer).

Wikipedia: Artikel »Adele Spitzeder«; »Gründerzeit«.

Winkler, Richard: Spitzeder Adele, in: Neue Deutsche Biographie 24 (2010), S. 717–718 (online).

Wolf, Ludwig: Eine Tochter aus bestem Hause. In: Münchner Stadtanzeiger, 16. November 1995, Nr. 46.

BILDNACHWEIS

alamy: 18, 38
Archiv der Autorin: 69
Bayerisches Landesamt für Denkmalpflege: 27 (Foto: Franz Paul Burgholzer)
https://commons.wikimedia.org. 15, 46, 103, 109
Interfoto.de: 57, 72, 79, 80
Österreichische Nationalbibliothek: 13
Staatsarchiv München Landgerichte 2742: 32
Stadtarchiv München: 35 (DE-1992-HV-BS-A-31-70), 54 (DE-1992-ZAP-0493-7), 80 (DE-1992-ZA-P-0493-7), 88 (DE-1992-HV-BS-A-31-23), 91 (DE-1992-HV-BS-A-31-08), 93 (DE-1992-HV-BS-A-32-07), 100 (FS-STB-0612)
Stadtmuseum München: 26 (Graphiksammlung, II h / 7), 41 (G-P1669), 51, 84
Stadtmuseum/-archiv Baden-Baden: 24
Stock.Adobe: 20 (Jutta Adam)
SZ Photo: 22, 67

Umschlagmotive: Vorderseite: Adele Spitzeder. – Holzstich aus »Die Gartenlaube«, 1873 (SZ Photo); Rückseite: Adele Spitzeder als Gründerin und Präsidentin der »Dachauer Bank«, davor Geldsäcke, dahinter die drohende Justitia. – Zeitgenössische Karikatur aus den *Humorvollen Blättern* von Karl Klic, 1873 (alamy)

DANK

Mein herzlicher Dank gilt

- den Mitarbeiterinnen und Mitarbeitern der von mir besuchten Bibliotheken und Archive für ihre freundliche Beratung,
- Christiane Tomasi für das hilfreiche Lektorat,
- Magdalena Seis für die sorgfältige Bildredaktion sowie
- allen Autorinnen und Autoren der von mir herangezogenen Veröffentlichungen.

Bibliografische Information der Deutschen Nationalbibliothek
Die Deutsche Nationalbibliothek verzeichnet diese Publikation in der Deutschen Nationalbibliografie; detaillierte bibliografische Daten sind im Internet über https://dnb.dnb.de abrufbar.

Gutenbergstraße 8 | 93051 Regensburg
Tel. 0941/920220 | verlag@pustet.de

ISBN 978-3-7917-3435-4
Reihen-/Umschlaggestaltung und Layout: www.martinveicht.de
Satz: Vollnhals Fotosatz, Neustadt a. d. Donau
Druck und Bindung: Friedrich Pustet, Regensburg
Printed in Germany 2023

eISBN 978-3-7917-6246-3 (epub)